Moustapha Moncher Nsangou Mbouemboue

Vente des médicaments de la rue dans la ville de Yaoundé

Moustapha Moncher Nsangou Mbouemboue

Vente des médicaments de la rue dans la ville de Yaoundé

Circuits d'approvisionnement et stratégies d'écoulement

Éditions universitaires européennes

Impressum / Mentions légales

Bibliografische Information der Deutschen Nationalbibliothek: Die Deutsche Nationalbibliothek verzeichnet diese Publikation in der Deutschen Nationalbibliografie; detaillierte bibliografische Daten sind im Internet über http://dnb.d-nb.de abrufbar.

Information bibliographique publiée par la Deutsche Nationalbibliothek: La Deutsche Nationalbibliothek inscrit cette publication à la Deutsche Nationalbibliografie; des données bibliographiques détaillées sont disponibles sur internet à l'adresse http://dnb.d-nb.de.

Coverbild / Photo de couverture: www.ingimage.com

Verlag / Editeur:
Éditions universitaires européennes
ist ein Imprint der / est une marque déposée de
OmniScriptum GmbH & Co. KG
Heinrich-Böcking-Str. 6-8, 66121 Saarbrücken, Deutschland / Allemagne
Email: info@editions-ue.com

Herstellung: siehe letzte Seite /
Impression: voir la dernière page
ISBN: 978-3-8417-4347-3

A

Méfire Emmanuel

et Ngnami Salamatou

PREFACE

La vente des médicaments de la rue est un problème social et de santé publique dans nombreux pays en développement. Au Cameroun, plusieurs stratégies ont été mises en place pour combattre ce fléau. Cependant, il est toujours grandissant.

Ce livre à partir des enquêtes de terrain qui ont été menées au Cameroun, présente les circuits d'approvisionnement des médicaments. Ils proviennent à la fois de l'intérieur et de l'extérieur du pays. Dans la chaîne d'alimentation de ce circuit, on peut citer : les visiteurs médicaux ; les professionnels de santé ; les grossistes et répartiteurs et certains pharmaciens des officines privées.

Il ouvre également l'esprit sur les stratégies que développent les acteurs de la vente, parfois en complicité avec certains acteurs judicaires, pour assurer l'écoulement de ces produits dont la menace sur la santé publique est factuelle.

De façon matériel, ce livre se subdivise en 3 chapitres à savoir : les circuits d'approvisionnement ; les stratégies d'écoulement et les enjeux de la vente de ces médicaments.

VOUKING Marius, MPH

Administrateur de santé publique

Chercheur au CDBPS-H

REMERCIEMENTS

J'addresse mes sincères remerciements à tous ceux qui ont participé à la production de ce livre.

Particulièrement à mes étudiants de licence 2 de sciences sociales de l'Uuniversité Catholique d'Afrique Centrale (Institut de Yaoundé) pour leur contribution à la collecte des données. Il s'agit de :

Glen Joyce ; Stella Michelle ; Juskine ; Cyrielle ; Kadidja ; Marydith ; Frank-Arthur ; Christie ; Alexandra ; Hervan ; Jean-Cyrille ; Jean-Phillipe.

A tous ceux qui ont relu ce document. Nous pensons à Christine Danielle Evina et à Marius VOUKING du CDBPS-H .

INTRODUCTION GENERALE

1. Pertinence et actualité

Le commerce des médicaments dans les pays développés a réellement démarré dans les années 1980. En effet, à partir des années 1960, la recherche pharmaceutique connait des restrictions afin de contrôler le marché qui dans les années 1950 était très libre. En 1964, l'Association médicale mondiale publie la Déclaration d'Helsinki qui précise certaines règles de la recherche clinique en matière de tests des médicaments sur des sujets humains. Elle exige qu'un sujet donne explicitement son autorisation avant d'être utilisé pour des tests cliniques. Bien qu'en 1980, la législation soit renforcée, la politique des grandes sociétés qui émergent à cette epoque est selon Thomas BREGER « *de disposer de centres de recherche (notamment de développement des nouvelles molécules sur tous les continents* ». Il ajoute que cette stratégie de « *globalisation* » pousse les grandes sociétés à acquérir des centres de recherches partout dans le monde. Il prend comme exemples la société Bristol Myers Squibb qui possède des centres dans cinq pays européens ou encore Glaxo Welcome qui a des sites de recherche dans trois pays différents. Cela permet à ces sociétés de devenir des multinationales puissantes qui ont de l'incitent les pouvoirs publics à renforcer la législation sur la propriété intellectuelle – notamment celle des brevets de développement des médicaments -. Cette politique de globalisation et de fusion ne concerne pratiquement que les pays européens et américains. Il est donc quasiment impossible de commercialiser des médicaments dans les pays du Nord sans respecter les lois en vigueur. Ce qui n'est pas le cas dans les pays du Sud.

En Afrique, le commerce des médicaments de la rue a pris de plus en plus d'ampleur. Il s'est substitué aux voies légales de vente des médicaments que sont les pharmacies. Cette substitution s'est produite principalement à cause de la crise économique des années 1980 et de la dévaluation du franc CFA de 1994 qui, ont permis l'émergence de cette activité informelle, activité qui est devenue un secteur à part entière de l'économie.

L'ensemble des pays africains a connu des perturbations économiques importantes à partir des années 1980. Elle a été due à l'altération des contrats d'échange entre les pays exportateurs de technologies (les pays du Nord, développés) et les pays exportateurs de matières premières (pays du Sud, pauvres ou en voie de développement). La demande de pétrole est en baisse car son prix est élevé suite au deuxième choc de 1979. Le gaz naturel est en plein essor et ces pays s'attellent à construire des centrales nucléaires. Cette crise a eu pour conséquence une détérioration des prestations offertes par les services de santé et les travailleurs de ce secteur, faute de salaire conséquent l'ont délaissé. De plus le service de santé n'a rapidement plus pu satisfaire les besoins des populations à cause des pénuries de médicaments auxquels il a fait face. La seconde conséquence est la disparition des emplois du secteur formel au profit de ceux du secteur informel. En effet, selon le chercheur Vincent Hamel, l'économie informelle du médicament a fourni de nouveaux emplois (bien que précaires) aux chômeurs de cette époque et les institutions internationales l'ont formellement reconnue comme « *un palliatif à la crise* » en 1987. Puis en 1994 survient la dévaluation du franc CFA concerne 14 pays d'Afrique subsaharienne et touche 50 % du franc CFA. Les médicaments étant pratiquement tous importés, cela a multiplié leur prix par deux pour les consommateurs qui selon Vincent Hamel auraient assumés cette inflation des prix seuls. Les ministres de la santé des 14 pays ont tenu une réunion à deux reprises en mars et avril 1994 à Evian en présence du Syndicat National de l'Industrie Pharmaceutique Français et il est ressorti de ces réunions que les puissances françaises avaient observé un mutisme face à cette crise – ce qui concordait avec leurs intérêts – mais qui rendait encore plus difficile la sortie de crise. Dans ce contexte de crise, les individus ont donc amorcé le commerce informel des médicaments et les prix de ces médicaments est rapidement plus intéressant pour les consommateurs que ceux des pharmacies. Et toujours selon Vincent Hamel, cette économie est devenue prépondérante au début des années 1990 à telle point qu'elle en est « *presque légitime* ». Et ce à cause de l'Etat qui a « *sous-estimé* » l'ampleur de ce phénomène, ce qui a contribué à faciliter l'intégration des commerçants. Le recensement des commerçants formels de médicaments est possible s'ils possèdent une Autorisation de Mise sur le Marché. Étant donné que les vendeurs de médicaments de la rue n'en possèdent pas. Il devient donc difficile – voire impossible – d'estimer fidèlement leur nombre sur l'étendue du territoire. Par conséquent les pouvoirs publics n'ont commencé à réagir à ce fléau qu'à la fin des années 1990 mais selon V. Hamel ce n'étaient que des « *signes symboliques* » en réaction aux subventions de la Banque Mondiale qu'ils recevaient à ce moment. La loi est explicite au sujet de la vente des médicaments de la rue. Ainsi, au Cameroun, une loi donnant l'exclusivité de la vente des médicaments aux pharmacies est en place mais n'est pas respectée. De plus, les vendeurs sont bien considérés comme illégaux mais il paye une taxe à la mairie pour bénéficier des espaces de vente qu'ils occupent. La frontière entre le licite et l'illicite est donc floue.

Les médicaments de la rue apparaissent dans un contexte de profonde crise économique, sanitaire en général et pharmaceutique en particulier. D'abord sous-estimée par les pouvoirs publics qui changent finalement de discours. Malgré tout, ce secteur informel a pris une ampleur qui les dépasse.

Au Cameroun, une loi donne l'exclusivité de la vente des médicaments aux pharmacies en place mais elle n'est pas respectée. Pourtant, les vendeurs informels qui sont considérés comme illégaux, payent les taxes à la mairie pour bénéficier des espaces de vente qu'ils occupent. La frontière entre le licite et l'illicite est donc floue.

Les médicaments de la rue apparaissent dans un contexte de profonde crise économique, sanitaire en général et pharmaceutique en particulier. D'abord sous-estimée par les pouvoirs publics, ce secteur informel a pris une ampleur grandissante.

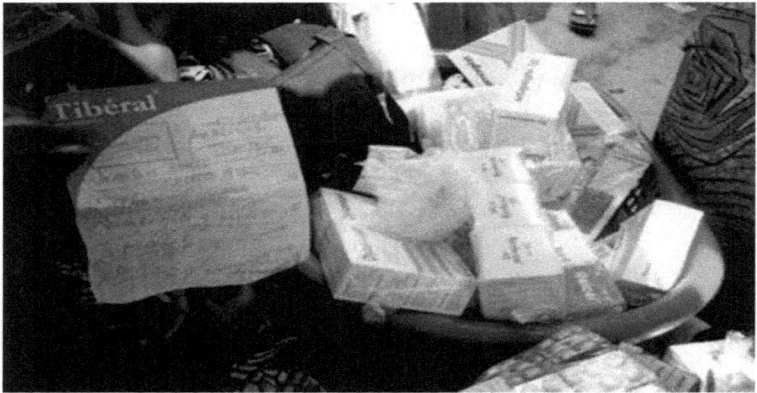

Source : terrain

2. Intérêt du sujet

Notre analyse consiste en la présentation globale des causes de la prolifération des médicaments de la rue en Afrique subsaharienne en général et au Cameroun en particulier ; et de l'impact social que ce phénomène occasionne à long et moyen terme .C'est ainsi que notre revue présente deux intérêts qui sont : social et scientifique

Ainsi, nous pouvons relever un intérêt social pour notre étude. En effet, cet intérêt se décline sous plusieurs volets à savoir culturel, économique et juridique. Le volet culturel est lié aux us et aux coutumes de chaque individu. Généralement, les individus s'attellent à l'achat des médicaments en pharmacie lorsqu'ils font face à des nécessités médicales Cependant dans certaines cultures, les individus sont le plus enclins à se rendre dans les rues afin de se soigner non pas par choix mais plutôt parce que leur éducation le leur impose. Le fait de voir un parent se rendre dans la rue pour acheter des médicaments contribuera à normaliser cette activité aux yeux de l'enfant qui la reproduira une fois adulte.

Quant au volet économique, la vente des médicaments de la rue se présente de prime abord comme une activité commerciale dans laquelle l'on retrouve un acheteur et un vendeur. Il se crée ainsi un lien de dépendance entre les acteurs. Par la suite cette activité est génératrice de revenus pour les vendeurs qui mettent ces médicaments à la disposition des ménages qui a leur tour les utilisent pour se soigner.

Quant au volet juridique, il concerne le caractère informel de la vente des médicaments dans la rue. En effet, ce phénomène est tellement encré dans les habitudes des populations au point ou la frontière entre le « légal » et « l'illégal » est de plus en plus mince c'est ainsi qu'elle est considérée comme normale par ces dernières. Par ailleurs, la législation sanctionnant cette activité bien qu'existante est peu voire pas du tout appliqué.

En outre, l'étude de ce sujet s'avère importante car elle nous permet d'en dégager un intérêt scientifique. Cet intérêt est fondamental car il nous aide à acquérir des notions dans le domaine sanitaire. Ces notions concernent surtout les risques que constitue la consommation des médicaments dans la rue. Après avoir étudié ce thème, nous nous rendons alors compte de la nécessité de s'approvisionner en pharmacie. Nous réalisons aussi la menace que représente l'achat ou la vente de ces médicaments car ils peuvent s'avérer pernicieux pour notre santé. En effet, les répercussions sanitaires sont diverses ; il s'agit entre autre des maux de ventre, des troubles gastriques, de l'apparition de boutons purulents et la liste n'est pas exhaustive. Nous pouvons ainsi dire que de par les conséquences sanitaires multiples qu'entraine ce phénomène social, notre sujet revêt également un intérêt scientifique.

3. PROBLEMATIQUE

1.1. Revue de littérature

La consommation des médicaments de la rue est un problème qui ne cesse de prendre une certaine ampleur dans les zones subsahariennes. Cette expansion est plus ou moins causée par plusieurs facteurs. Plusieurs éléments sont à l'origine de la vente et de la consommation de ces produits dans les rues africaines.

En premier lieu nous avons la pauvreté. Pour l'auteur K. JAYASE[1] la vente illicite des médicaments est avant tout une sorte de réponse sociale pour certaines populations défavorisées en matière de soins médicamenteux, mais aussi pour d'autres agents de santé. Il soutient que le manque de moyens financiers justifie à lui seul la consommation et la vente des médicaments de la rue. JAYASE[2] montre donc que les conditions de vie des populations qui sont parfois très précaires, ne rendent pas facile la procuration des médicaments vendus en pharmacie. Dans le but de mieux étudier le rôle joué par la pauvreté dans le phénomène d'expansion de la vente et de la consommation des médicaments de la rue, il est nécessaire de faire une distinction entre les vendeurs et les consommateurs ; car bien qu'étant parfois poussés par les mêmes motifs, ces derniers n'appartiennent pas le plus souvent à la même classe sociale.

Du côté des consommateurs, ANGBO-EFFI KACHI[3] déclare que les raisons justifiant l'achat des médicaments de la rue du côté des consommateurs sont dues à 68,98% à la flexibilité des prix ; à 27,77% à leur vente en détail et à 17,34% aux manques de moyens financiers. Relativement au manque de moyens financiers, les populations locales se ruent vers l'achat de ces médicaments parce que celles-ci sont pour la plupart sans-emplois. Subséquemment, ces populations ne vont pas en pharmacie ; c'est-à-dire qu'elles préfèrent s'approvisionner dans les rues. C'est ainsi

---

[1] K. JAYASE, A*nother Development in Pharmaceutical*, 1985.
[2] Ibid.
[3] ANGBO-EFFI, et al ; « Facteurs déterminant la consommation des médicaments de la rue en milieu urbain », *cairn.info*, 2011.

qu'une étude faite par l'A.C.B.E sur une population de 1200 personnes, démontre que 51,1% s'approvisionnent dans les rues ce qui constitue près de la moitié de la population ; les 44,2% le font en pharmacie et seulement les 6,7% dans les centres médicaux .En outre, ces consommateurs en manque d'argent pensent réaliser des économies car ces médicaments sont vendus en détails, ils n'achètent donc que la quantité dont ils ont besoin. En plus ils ont la possibilité de négocier les prix des médicaments avec les vendeurs et même de les obtenir à crédit. Mais ils sont dans l'erreur car ces médicaments achetés à moindre coût causent des maladies qui engendrent de plus grandes dépenses de santé. En effet, dans une étude menée à Limbe, l'A.C.B.E constate que 16% des malades se rendant à l'hôpital sont victimes de la consommation de ces médicaments. Dans la même lancée, REMED souligne le fait que ces médicaments sont la cause de nombreux décès et de catastrophes sanitaires. Dans ce sillage, Didier FASSIN[4] insiste sur l'incapacité des systèmes de soins à fournir des médicaments peu couteux aux populations. En effet, sur une observation faite sur les marchés Pikine au Sénégal, il relève que les médicaments ne sont pas accessibles à toutes les classes sociales, car trop couteux en pharmacie. Par exemple, un sirop pour les insuffisances de fer proposé à 3200f CFA en pharmacie est vendu à 1750f CFA dans la rue.

Du côté des vendeurs, on retrouve les chômeurs, les travailleurs aux salaires insuffisants et des individus sans qualification. Relativement aux chômeurs, qualifiés le plus souvent de « débrouillards », malgré le fait qu'ils aient fait des études et qu'ils soient diplômés ceux-ci n'arrivent pas à trouver des emplois leur permettant de subvenir à leurs besoins. C'est pour cette raison qu'ils se lancent dans le commerce des médicaments dans le but de gagner « honnêtement » leur vie. Le sociologue Eric NGUELE[5] démontre que la grande majorité des vendeurs sont des jeunes chômeurs ou des diplômés sans emploi. D'après ses statistiques, 80% des vendeurs de médicaments

[4] D. FASSIN, « Du Clandestin à l'officieux : Vente illicite de médicaments au Sénégal », Cahiers d'Etudes africaines, 1985.
[5] E. NGUELE, "Médicaments de la rue: trafic à grande échelle dans le septentrion", www.le septentrion.net, 2011

dans le Grand nord se situent entre 15-35ans. Il poursuit en disant que certains jeunes à l'instar des étudiants et des élèves s'attellent à cette activité pour pouvoir payer leurs études. En ce qui concerne les travailleurs aux revenus insuffisants, ceux-ci sont souvent des jeunes cadres, des fonctionnaires, des infirmiers et même des médecins qui s'adonnent à cette activité dans le but d'augmenter leurs revenus. Cependant, ces travailleurs ne sont pour la plupart pas en contact direct avec les populations et délèguent de ce fait la responsabilité de vendre à d'autres personnes. Par rapport aux individus sans qualification, ils sont dans la plupart des cas des illettrés, des sans-emplois qui n'ont aucune formation professionnelle. Cette catégorie trouve un intérêt dans le trafic illicite des médicaments en ce sens où il le considère comme une stratégie d'adaptation visant à s'insérer économiquement dans le secteur informel face aux difficultés à trouver du travail.

ANGBO–EFFI, corrobore l'idée susmentionnée de par ses recherches faites en Côte d'ivoire sur une population de 216 personnes à Adjeme dans laquelle il ressort que 50% des vendeurs proviennent du secteur informel ; 23,61% sont des élèves ou des étudiants ; 13,43% sont des fonctionnaires ; 11,11% sont des chômeurs et 1,05% sont des ménagères. Il poursuit en effectuant également une étude relative aux revenus de ces vendeurs dans le but de montrer que cette pratique est plus ou moins rentable.

À côté du problème de la pauvreté qui oriente les populations locales à consommer et à vendre les médicaments de la rue, il y a un problème non moins important qui incite d'avantage ces mêmes populations à la consommation de ces produits : il s'agit de l'accessibilité. En effet elle apparait sous plusieurs volets notamment la proximité, la disponibilité des vendeurs et la délivrance facile.

Concernant la proximité, ces stands sont le plus souvent situés près des lieux d'habitation des populations et sont donc plus nombreux, ce qui facilite l'accès. En effet l'article « *Les médicaments de la rue : La vie en danger*[6] » révèle que la

---

[6] www.Camer. SANTE, consulté le 3/08/2014.

proximité géographique des stands de médicaments pousse les populations à se rendre dans les rues. Ces stands sont plus nombreux que les pharmacies ; on les retrouve partout et ils sont pour la plus part établis près des lieux d'habitation ce qui facilite l'écoulement des stocks de ces vendeurs. Ils sont en outre plus disponibles que les institutions de vente légale de médicaments. Mahamad AWALSON[7] constate cette disponibilité des vendeurs qui ne tiennent pas compte des jours fériés et qui à l'opposé des pharmacies n'ont pas de jours de garde. Par conséquent ces vendeurs sont présents « 24h/24 et 7jours/7 ». De plus, Stéphane KOUAKOU BARKA présente les femmes et les jeunes comme les plus grands consommateurs. Effectivement, les femmes le font pour des raisons d'intimité c'est-à-dire qu'elles préfèrent acheter leurs médicaments contraceptifs (pilules) dans les rues. En ce qui concerne les jeunes, ceux-ci vont dans les rues pour se procurer des stupéfiants, des excitants et toute autre sorte de drogues. En sus de cette proximité géographique et de la disponibilité des vendeurs, on note que la délivrance des médicaments est simplifiée dans la rue. Dans le circuit légal, il faut se rendre chez un médecin et obtenir de sa part une ordonnance ou au moins des recommandations. Puis il faut se rendre en pharmacie muni de cette ordonnance pour acheter le médicament. Dans la rue, le processus est plus simple. Mahamad AWALSON[8] évoque à ce propos que pour s'y procurer des médicaments, il n'est pas nécessaire de posséder une ordonnance médicale ou l'avis d'un médecin. Il suffit de se rendre auprès d'un vendeur avec au besoin le nom du médicament désiré. Sinon, le vendeur est capable de fournir un médicament sur simple description des symptômes du patient.

Par ailleurs le rôle joué par les tiers a une importance considérable dans la mesure où de prime abord ces proches ayant déjà été victimes d'un certain nombre de maux ont acquis une expérience en matière de médicaments ; puis, il y a le fait que ceux-ci

---

[7] M. AWALSON, Médicaments de la rue : le mal persiste à N'Gaoundéré, 2013
[8] Ibid.

soient en relation constante avec leurs « Assos[9] » à qui ils fournissent le plus souvent des clients.

L'ignorance des consommateurs est également un facteur de la prolifération de la consommation des médicaments en ce sens où les consommateurs ne savent pas si les exigences médicales à savoir prescriptives et préparatoires sont toujours respectées par les vendeurs. C'est ainsi que Moussa TOURE[10] dans son article, affirme que la qualité des médicaments reste douteuse à cause de l'altération des molécules due aux mauvaises conditions de stockage, de transept et de distribution, ou encore aux conditions climatiques non contrôlées. De plus, le problème de péremption des produits et l'absence d'un contrôle de qualité avant la mise en vente ne participent pas à l'amélioration de la réputation de ces produits. Pour être plus précis, ces médicaments sont souvent exposés à une grande chaleur, à des pluies diluviennes ainsi qu'à la poussière et sont stockés dans des abris de fortunes, ce qui peut accélérer leur péremption. Par conséquent ils ne sont plus bons à être utilisés et peuvent entrainer des maladies plus graves.

A cet effet, un groupe de chercheurs a ressorti une liste générale des médicaments vendus dans les villes de Yaoundé et Niamey dont les trois principaux sont la quinine, le paracétamol et l'amoxicilline. Ils affirment que ces médicaments font face à des problèmes de qualité. En d'autres termes, ils sont à 50% non-conformes aux lois. Outre ces raisons, une mauvaise posologie telle qu'un surdosage ou un sous-dosage peut avoir des répercussions graves sur le consommateur à l'instar des allergies ou des infections cutanées. Autant d'éléments qui marquent la différence qui existe entre les produits pharmaceutiques et ceux vendus dans la rue.

En outre, la présence des infirmiers ou des personnes aptes à prescrire ces médicaments constituent un point culminant dans l'achat de ces produits. En d'autres termes, les consommateurs ont accordé une certaine « confiance » aux vendeurs du

---

[9] Généralement appelés « partenaires commerciaux habituels »
[10] M. TOURE, "Mail: Médicaments de la rue ou « Pharmacie par terre : » un danger pour la santé" ! *Afrique Emergente*, 2014.

seul fait qu'ils les considèrent aptes à prescrire les médicaments par conséquent, ceux-ci ne perçoivent pas réellement la différence entre les produits vendus en pharmacie et ceux vendus dans les rues. Mais il va au bout de son argumentation et fait ressortir les conséquences de l'usage de ces médicaments il affirme qu'ils s'avèrent être la cause des décès, intoxications, destruction du f

En dehors des 4 principaux facteurs énoncés plus haut, il en existe d'autres à ne guère négliger. En effet, Stéphane KOUAKOU BARKA partant du postulat selon lequel les pharmacies ne vendent plus, affirme que cela est encouragé par les lobi ivoiriens en accord avec les pouvoirs publics. Ceux-ci ne cherchant que leur profit personnel font fi de leurs principes en se faisant corrompre par de potentiels vendeurs. Il affirme qu'il s'avère être la cause des décès, intoxication, destruction di foie et des reins ou encore malformations congénitales. Il est important de noter que le phénomène de vente de médicaments dans les rues prolifère sur les terres africaines à cause de la faiblesse des lois et des sanctions pénales. Au Cameroun par exemple, la loi n° 90/05 du 10 août 1990 donnant l'exclusivité de la vente des médicaments aux pharmacies n'est pas respectée. Le docteur Mbanwi11 affirme à cet effet qu'il n'y a aucun système de contrôle instauré dans les frontières déjà trop poreuses de l'Etat. En effet, les agents chargés de garder les frontières sont soudoyés dans le but de pérenniser cette activité illégale qui, à long terme détruit la santé des patients.

Pour les pharmaciens du Cameroun, « cette complicité » se manifeste par le fait que les services de contrôle de la qualité des médicaments déployés dans les marchés n'ont jamais empêché ces vendeurs illégaux de médicaments d'exercer leur activité. Selon le texte reglementaire, est considéré comme source principale d'approvisionnement le Centre National d'Approvisionnement en Médicaments Consommables Médicamenteux et Essentiels (C.E.N.A.M.E.) celui-ci est perçu comme le bras séculier du gouvernement camerounais dans le domaine de la distribution des médicaments. De plus la filière des médicaments en provenance du Nigéria est connue de tous « mais personne ne songe à la démanteler » affirme un agent de la communauté urbaine de la ville de Limbe qui a requis l'anonymat. Les vendeurs évoquent également des livreurs qui reviendraient d'Europe et d'Asie avec des produits. Christophe ZIMMERMAN, coordinateur de la lutte anti-contrefaçon à l'Organisation Mondiale des Douanes (O.M.D) souligne dans un article que la plupart des produits contrefaits proviennent d'Asie du Sud-Est. En outre ils auraient des liens avec les structures de réputation dans la chaine de distribution et de contrôle du médicament au Cameroun tels que Pharmacam, Laborex, UC PHARM. Au contraire, les agents du contrôle de qualité des produits pharmaceutiques perçoivent des taxes liées à l'exercice de cette activité, ce qui veut dire que l'Etat reconnait et soutient ces vendeurs, dénonce le Dr MBANWI. Dans le même ordre, une étude du site internet Camer.Be souligne également qu'en ville, aucune mesure n'est mise en œuvre pour empêcher les vendeurs d'exercer leurs activités. Une enquête statistique effectuée par un groupe de chercheurs démontre bel et bien que 96% des vendeurs de médicaments déclarent payer une taxe à l'Etat dans le but de continuer leur commerce. Cependant, le Conseil National de l'Ordre des Pharmaciens (C.N.O.P) affirme que l'Etat ne peut pas tout faire et qu'il n'y a pas que lui qui soit capable de mener une lutte acharnée contre ce fléau. Il propose alors des solutions telles que la création d'une structure pour gérer les activités de lutte contre ce mal, la collaboration de tous les corps de métiers et une participation tant sur le plan national qu'international. Force est de constater aujourd'hui une faible implication étatique dans l'éradication du phénomène. L'un des cas les plus significatifs est celui des récentes interventions du gouvernement camerounais dans les villes de N'Gaoundéré, Douala et Yaoundé où des stocks de médicaments ont été détruits et des campagnes de sensibilisations ont été effectuées avec des slogans tels que :

« *Les médicaments de la rue tuent !* » ;

« *N'achetez vos médicaments qu'en pharmacie !* ».

Mais, ces actions restent timides dans la mesure où elles ne témoignent pas de la réelle volonté de l'Etat à vouloir éradiquer ce fléau. Un groupe de chercheurs[11] soutient cependant que l'Etat intervient de façon réelle pour enrayer le fléau. En effet selon leur étude, 92% des vendeurs de la rue interrogés affirment être entravés dans l'exercice de leur activité par la police, la gendarmerie ou la mairie. La même étude montre que 96% des vendeurs déclarent payer une taxe à l'Etat pour exercer leur commerce, ce qui témoigne d'une certaine hypocrisie des pouvoirs publics.

Malgré les différentes campagnes de sensibilisation, ces médicaments nuisibles à la santé continuent de faire bon marché et cela, malgré la connaissance de cause de certains consommateurs ainsi qu'au vu et au su des autorités.

Contrairement à Stéphane KOUAKOU de nombreux articles révèlent cependant que l'Afrique est considérée comme un lieu de recyclage de médicaments provenant de plusieurs pays européens. Partant de cette révélation, l'on peut déjà déterminer avec précision l'origine des stocks de ces vendeurs de fortune. A ce niveau, nous constatons également qu'il y a chez les populations une certaine « têtutesse ».Car, parmi les adeptes des médicaments de la rue, on retrouve des personnes qui sont pleinement conscientes des risques liés à la consommation de ces produits mais qui pour des raisons dont on ignore la nature ne jure que par eux.

> *Le médicament est loin d'être un produit commercial comme tous les autres. Touchant directement la santé des individus, sa mise à la disposition du public doit être rigoureusement encadrée au risque de générer un problème de santé publique.*

Somme toute, les raisons liées à la prolifération du commerce de médicaments de la rue sont nombreuses et les conséquences le sont tout autant. En effet, concernant les raison qui expliquent la prolifération de ce phénomène, l'on retrouve la pauvreté aussi bien du côté des consommateurs que des vendeurs, l'accessibilité facile de ces produits, l'ignorance des consommateurs et enfin le laxisme des pouvoirs publics en

---

[11] D. Boisier, M. Ciss, A.Moumouni, I. Amani, P. Nabet, « Le circuit informel des médicaments de la rue à Yaoundé et à Niamey »

rapport avec ce trafic. Cependant l'Etat essaye d'enrayer l'évolution de ce fléau à travers des saisies massives de médicaments de la rue ou encore des campagnes de sensibilisation.

Au terme de notre exploration, un paradoxe apparaît entre les discours que tiennent les pouvoirs publics et leurs actes, dans le sens où une loi a été élaborée pour condamner la vente de médicaments, mais que les dirigeants profitent de cette activité pour engranger des revenus sous forme d'impôts. Aujourd'hui, la prolifération perpétuelle des médicaments de la rue, suivie par leur fluidité économique et leur accessibilité facile, dégénère en une activité légale et ce malgré les actions du gouvernement pour en venir à bout. On peut donc s'interroger sur les circuits d'approvisionnement et les stratégies utilisées par les vendeurs pour contourner les mesures mises en place par les pouvoirs publics pour mettre un terme à leurs activités.

4. Questions de recherche

Notre travail s'est appuyé une question principale et deux secondaires.

4.1. Question principale

D'où proviennent les médicaments de la rue qui se trouvent dans la ville de Yaoundé?

4.2. Questions secondaires

Q1 : Quels sont les acteurs qui interviennent dans la vente et l'approvisionnement des médicaments de la rue?

Q2 : Quelles sont les stratégies mises en place par les vendeurs des médicaments de la rue pour contourner les normes institutionnelles?

Q3 : Quels sont les enjeux de cette activité ?

4.3. Hypothèses de recherche

4.4. Hypothèse principale

Comme hypothèse principale, nous formulons que,

- les MDR proviennent d'une part de l'extérieur du pays (du Nigéria ou de la Thailande, etc) ; d'autre part, de l'intérieur du pays grâce à l'approvisionnement des visiteurs médicaux qui travaillent pour des laboratoires pharmaceutiques locaux, des professionnels de santé et parfois des officines pharmaceutiques.

Hypothèses secondaires

H1 : Le volet de la vente des médicaments est assuré par les acteurs de l'informel qui sont parfois des grossistes ou des détaillants et l'approvisionnement des MDR est parfois assuré par les visiteurs médicaux, le corps soignants (médecins, infirmiers etc...) et les responsables des officines pharmaceutiques.

H2 : S'agissant des stratégies de contournement, certains acteurs de la vente des MDR sont de connivence avec les autorités administratives et judiciaires et parfois même avec des officines pharmaceutiques pour développer les comportements de résistance. D'autres par contre, exposent uniquement des boîtes vides sur les comptoirs pour éviter les opérations de confiscation.

H3 : En même temps, cette activité participe à enrichir les acteurs complices, d'autre part, elle paupérise certains pharmaciens qui ne sont pas impliqués. Elle est aussi une menace de santé publique des populations.

5. Considération méthodologique

5.1. Technique de collecte des données

Etant donné que la vente des médicaments de la rue est une pratique illicite, il a été question pour nous d'adopter une approche qualitative pour identifier et comprendre les circuits d'approvisionnement et les stratégies d'écoulement.

5.2. Cadres théoriques

La société renferme de nombreux faits et interactions qui sont observés tous les jours. Pour pouvoir mieux étudier le phénomène social que constitue l'accès aux médicaments de la rue, c'est dire des moyens et des procédures mis en place par les pouvoirs publics pour pouvoir empêcher la prolifération de ce phénomène nous nous sommes intéressés aussi bien à l'individualisme méthodologique qu'à l'analyse stratégique. Ces deux courants de pensées sociologiques sont indissociables dans la compréhension de ce travail.

5.2.1. L'individualisme méthodologique

Raymond BOUDON énonce que :

> pour expliquer un phénomène social quelconque –que celui-ci relève de la démographie, de la science politique, de la sociologie ou de toute autre science sociale particulière – il est indispensable de reconstruire les motivations des individus concernés par le phénomène en question et d'appréhender ce phénomène comme le résultat de l'agrégation de comportements individuels dictés par ces motivations.[12]

Cette assertion de Raymond BOUDON signifie que pour expliquer un phénomène social, il faut considérer l'association des comportements et des motivations individuels.

---

[12] R. BOUDON, le théoricien de l'individualisme méthodologique, 2013, mobile.lemonde.fr, consulté le 23/06/2014.

En d'autres termes, ce courant de pensée stipule qu'on ne peut comprendre les phénomènes sociaux qu'en fonction des raisons personnelles et des stratégies individuelles. C'est dans cette lancée, que nous avons pu construire les véritables motifs qui ont conduit les individus à la consommation des médicaments de la rue. L'individu qui s'auto-médicamente est un acteur rationnel, victime du phénomène de pauvreté, n'ayant pas une raison qui encourage la fréquentation des pharmacies en cas de maladie. Cette rationalité de l'individu a été prise comme agent de notre étude. Il faut relever que le phénomène de consommation et de vente de médicaments de la rue est le résultat de l'agrégation de comportements individuels dictés par ses motivations. En tant que acteur rationnel, le consommateur, plus précisément le vendeur, porte un choix sur ces médicaments pour des raisons qu'il juge en son avantage .Ceci nous permet de parler du facteur économique qui est très important à ce niveau, l'individu juge que ces médicaments sont accessibles, ils se vendent en détail et à vil prix. Ce sont toutes ces choses qui le motivent à la consommation de ce type de médicaments. Relativement aux méthodes ou moyens mis en place par les vendeurs pour contourner les mesures mises en place par les pouvoirs publics, il s'avère que le vendeur en vue d'une perpétuelle continuation de ce phénomène se voit en train de faire appel à des systèmes plus ou moins licites pour pouvoir continuer son commerce.

En outre, la prolifération de ce phénomène se fait ressentir au sein de notre société actuel du fait que le malade et le vendeur sont caractérisés par le manque d'une culture qui prône la voie légale de la thérapie, cette culture se base plus sur la pauvreté qui frappe l'individu pris ici de façon singulière .Ainsi nous notons le caractère autonome du vendeur des médicaments de la rue et le choix qu'il porte sur ces médicaments et non pas sur d'autres. Par ailleurs, notre devoir s'est aussi inspiré d'un autre courant de pensée à savoir L'analyse méthodologique

Le premier principe caractéristique de l'individualisme méthodologique consiste à se représenter le phénomène social à expliquer, qui dans notre cas est la vente des médicaments de la rue, comme le résultat et l'agrégation d'actions, d'attitudes, de croyances bref de comportements individuels. Le second principe vient parfaire le premier fondement. Ce fondement enseigne au sociologue que son explication du phénomène social n'est complète que lorsqu'il retrouve le sens des comportements individuels (celui des vendeurs de médicaments de la rue notre cas) qui l'ont produit.

5.2.2. L'analyse stratégique

Relativement à l'analyse stratégique, c'est un modèle d'analyse mis au point par Michel CROZIER[13], qui met en exergue une conception martiale de la société, tout en faisant appel au systémisme, méthode qui consiste à étudier un fait social dans sa globalité et non dans sa spécificité, sans tenir compte des structures et des intérêts individuels. Ainsi, CROZIER identifie la société à une scène sur laquelle chacun des acteurs adopte une stratégie, du fait de l'imprévisibilité des comportements individuels. D'où le choix de l'analyse stratégique comme modèle d'analyse dans le cadre de notre étude sur l'accès aux médicaments de la rue. En effet, ce phénomène donnant lieu à un commerce illicite de produits sanitaires, il nous incombe de nous interroger sur les moyens mis en œuvre par les vendeurs desdits médicaments, en d'autres termes la stratégie adoptée par ces derniers pour parvenir à échapper à la vigilance des pouvoirs publics.

Par ailleurs, Michel CROZIER est considéré comme un individualiste et un anti déterministe dans la mesure où il énonce la notion de jeu, chaque acteur étant supposé mettre au point « *une stratégie gagnante* ». C'est ainsi qu'il soutient : « *seul en effet, le modèle du jeu peut laisser ouverts à la fois la structure où se déroule l'action (le système d'action concret) et les mécanismes de régulation de la structure eux-mêmes.* ». En ce qui concerne la vente irrégulière de médicaments, CROZIER nous amène, à travers cette citation, à évoquer le fait que ces vendeurs de remède seraient en proie à de nombreuses difficultés, du fait de pratiquer une activité illicite. Ainsi doivent-ils user de moyens encore plus illicites que la vente proprement dite, ceci dans le but de

---

[13] Une présentation de l'analyse stratégique, selon Michel CROZIER, www.sqep.ca, 2013.

passer outre les lois établies par les membres du gouvernement, et les mécanismes de régulation mis au point.

5.3. Organisation de la collecte des données

La première opération de collecte des données a été faite, sous notre supervision, par 12 de nos étudiants de licence en sciences sociales de l'Université Catholique d'Afrique Centrale (Institut de Yaoundé) en Avril 2014. Ils ont été divisés en deux groupes et ont été déportés vers les deux grands marchés de la ville de Yaoundé (Central et Mokolo) et les alentours de l'hôpital central de cette ville. La deuxième opération de collecte a été faite par nous-même entre octobre et novembre 2014 dans le but de trianguler les données et de les actualiser.

5.4. Instruments/outils de collecte des données

Les données primaires ont été recueillies à partir des entretiens et des observations. Les entretiens ont été menés auprès des personnes ressources. Ces entretiens portaient sur les axes principaux à savoir :

(1) Les circuits d'approvisionnement des médicaments de la rue au Cameroun ;

(2) Les acteurs qui alimentent le réseau ;

(3) Les stratégies de contournements des normes juridiques ;

(4) Les enjeux de la vente de ces médicaments ;

(5) Les stratégies d'écoulement de ces produits.

Les grilles d'observation ont été utilisées pour observer les contours de cette activité et la pratique d'écoulement.

Les données secondaires ont été recueillies à partir des documents recherchés dans les bibliothèques physiques et dans les bases de données spécialisées des sciences sociales et de la santé publique. Nous avons consulté les bases de données telles que : Cochrane librairy ; jstor ; journal of african health ; etc.

5.5. Champ et population d'étude

Yaoundé a été choisie comme site d'observation. Elle est non seulement la capitale politique du pays, où se prennent les grandes décisions, mais aussi un des pôles où se développe l'activité de vente des médicaments de la rue. Ce fait a nécessité que nous circonscrivions notre espace géographique dans les marchés Mokolo et central, aux alentours de l'hôpital central et au Carrefour -Nkolbisson car ces zones sont principaux « les fiefs » de la vente des médicaments de la rue.

Dans le cadre de notre étude, nous avons identifié quelques personnes ressources qui pouvaient nous fournir les informations : les commerçants ambulants ; les pharmaciens ; les délégués médicaux et des agents de l'Etat responsables de la saisie de ces médicaments.

5.6. Plan du travail

Notre travail est constitué de trois chapitres, qui comportent chacun deux sections. Le chapitre 1 parle des circuits d'approvisionnement des médicaments de la rue dans la ville de Yaoundé ; quant au chapitre 2, il met en exergue les stratégies de contournement des normes utilisées par les vendeurs. Le chapitre 3, enfin présente les enjeux de la vente des médicaments de la rue.

1

CIRCUITS D'APPROVISIONNEMENT DES MEDICAMENTS DE LA RUE DANS LA VILLE DE YAOUNDE

Introduction

Dans le cadre de l'étude du circuit d'approvisionnement des médicaments dans la ville de Yaoundé, il sera question d'analyser les moyens d'approvisionnement desdits médicaments, à travers les origines internes et les origines externes du pays d'une part; et les stratégies d'écoulement des médicaments d'autre part ; section dans laquelle il s'agira d'analyser la distribution des médicaments, d'abord par les grossistes, et ensuite par les vendeurs en détail.

I. MOYENS D'APPROVISIONNEMENT DES MEDICAMENTS DANS LA VILLE DE YAOUNDE

A- Origines internes du pays

Qu'entend t- on par origines internes ? D'après, un article du journal DocCheck News intitulé « *Les médicaments de la rue en Afrique[14]* », il s'agit du détournement des bons médicaments, des médicaments périmés ou à échéance de péremption proche des établissements sanitaires publics et privés y compris les pharmacies d'officines tout cela à l'intérieur du pays. La descente sur le terrain a eu le mérite d'éclaircir les questions de recherche et hypothèses préalablement formées, il ressort après analyse des informations collectées que dans le cadre de l'approvisionnement des médicaments de la rue, les sources internes sont d'origines diverses notamment celle des officines médicales (pharmacies et hôpitaux), le corps soignant, le CENAME (Centre National d'Approvisionnement en Médicaments Essentiels), les délégués médicaux, et les grossistes.

S'agissant des officines médicales, il y a d'une part les hôpitaux c'est-à-dire le personnel soignant qui détourne les dons en médicaments que les ONG (Organisation Non Gouvernementale) et la croix Rouge font aux malades qui sont dans les hôpitaux

---

[14]DocCheck News, "Les médicaments de la rue en Afrique" 2014.

et aussi aux populations pour lutter contre les épidémies, les pandémies, endémies et autres maladies qui minent la société. Ces médicaments sensés aider les populations dans la lutte contre ces maladies, sont détournés de leur objectif par le corps soignant qui le revend dans le circuit illicite. A ce titre un vendeur affirme : « *on s'approvisionne grâce aux gens qui travaillent dans les hôpitaux là et qui détournent les médicaments que les ONG et la Croix Rouge font souvent à la population là pour lutter contre les maladies donc ils viennent nous revendre ça[15]* ».

D'autre part, il y a les pharmacies qui sont de grands fournisseurs des vendeurs ambulants. Ces officines médicales censées lutter contre le fléau que représente la vente des médicaments de la rue ne font en fait que de l'hypocrisie, car devant les témoins, elles fustigent cette activité « *illicite* » alors qu'en réalité elles sont les principaux fournisseurs de ces vendeurs et encouragent la prolifération de ce phénomène. En effet, quand les médicaments sont périmés, en phase d'être liquidés ou quand la date de péremption est proche, elles les revendent dans le circuit de l'informel aux vendeurs ambulants. C'est dans ce sens qu'un vendeur ambulant a attesté que :

> *En fait, nous on fonctionne avec tout le monde hein. Nous fonctionnons même avec les pharmaciens. Vous comprenez un peu [...] Je ne peux pas vous donner mes sources exactes parce que les gens qui combattent sans vous mentir c'est les mêmes qui nous ravitaillent. Donc ça reste un secret professionnel[16].*

Allant dans le même sens, un autre vendeur de Mokolo a affirmé que : « *Souvent les pharmaciens nous liquident aussi leurs stocks quand ils savent que la date de péremption des produits est presque arrivée[17]* ».

En plus, d'après les enquêtes de terrain, le CENAME qui, est le Centre National d'Approvisionnement en Médicaments Essentiels chargé de contrôler la qualité et l'efficacité des médicaments au Cameroun, est aussi concerné par ce trafic illicite. Il

---

[15] Entretien avec Jean, vendeur ambulant des médicaments de la rue au marché Mokolo, 24/03/14.
[16] Entretien avec un vendeur des médicaments de la rue du marché central, 17/04/14.
[17] Entretien avec Roger, vendeur ambulant du marché Mokolo, 25/03/14.

fournit également des médicaments aux vendeurs de la rue. Au cours des enquêtes de terrain, un vendeur a attesté que : « *Moi je m'approvisionne au CENAME parce que j'ai un petit circuit là-bas[18]* ».

S'agissant des délégués médicaux, ils représentent également l'un des secteurs primordiaux des fournisseurs de médicaments dans le circuit illicite. Ces derniers reçoivent des laboratoires et des hôpitaux, des stocks de médicaments pour un contrôle de qualité et d'efficacité qu'ils revendent illégalement aux vendeurs ambulants à bas prix. Pour étayer cette thèse, Roger vendeur ambulant du marché Mokolo, s'exprime :

> *Et parfois ce sont les délégués médicaux qui nous approvisionnent. C'était avant qu'il fallait transpirer pour avoir les médicaments, maintenant tu ne cherches même pas ça vient te trouver [...] Qu'est-ce qui vous étonne ? C'est même souvent eux qui nous contactent quand il y a l'arrivage[19].*

La dernière source d'approvisionnement est celle des grossistes. Tout d'abord il faut savoir comment les médicaments se retrouvent chez les grossistes ? Un pharmacien de la place donne le schéma classique emprunté par les médicaments pour s'y retrouver :

> *Les produits partent donc du laboratoire fabricant et atterrissent auprès des centrales d'achat, et des centrales d'achat se retrouvent au niveau des grossistes, et des grossistes auprès des officines médicales, et de ces dernières au public. C'est tout, voilà le schéma classique[20].*

Une fois les médicaments mis à la disposition des grossistes, les vendeurs de la rue peuvent désormais se ravitailler ; ils achètent la marchandise chez les grossistes comme ceux du marché central, de Mokolo et autres grands marchés de la capitale à des fins de revente en détails. C'est dans cette lancée qu'un vendeur a attesté que : « *Moi je me ravitaille depuis des années chez mon « asso[21] » il est grossiste au marché*

---

[18] Entretien avec un vendeur ambulant au carrefour Nkolbisson, 24/03/14.
[19] Entretien avec Roger, vendeur ambulant du marché Mokolo, 25/03/14.
[20] Entretien avec un pharmacien, 24/03/14.
[21] Asso veut tout simplement dire associé dans les affaires.

central [22]» ; Un autre ajoute : « *Je m'approvisionne chez des grossistes non, j'ai plusieurs réseaux que ce soit à Mokolo ou au marché central je trouve mon compte [23]».*

B- **Origines externes du pays**

Les réseaux externes s'organisent non seulement avec des agents extérieurs du pays, mais ils mobilisent aussi des moyens généralement plus conséquents que les réseaux internes. A moins que le système réglementaire national soit très défaillant (absence de loi, imprécision des textes…), et qu'il autorise en toute légalité des importations non contrôlées (ce qui est très rare), ces réseaux se rapprochent manifestement de la contrebande avec des structures d'organisation qui se mêlent au commerce trafiquant (ou commerce non déclaré) en tout genre : il n'est pas rare par exemple, que des convois soient saisis aux douanes en possession de médicaments et de marijuana. La grande majorité des médicaments importés de la sorte ne possède pas d'autorisation de mise sur le marché. Ces produits peuvent être des contrefaçons, des malfaçons mais aussi de « *vrais médicaments* ».

Selon un article de DocCheck[24], les origines externes renvoient aux « *médicaments issus de la contrefaçon et de la malfaçon* ». En effet, le fait est déjà admis par l'OMS quand elle introduisait la notion d' « intention frauduleuse » pour différencier les médicaments « mal faits » des firmes pharmaceutiques de ceux contrefaits par les « *mafias de contrebande* ». Philippe, un fonctionnaire camerounais, récuse les laboratoires pharmaceutiques en ces termes : « *les infirmiers se ravitaillent chez ces vendeurs de la rue parce qu'ils savent que ce sont les mêmes délégués médicaux qui livrent ces médicaments aux vendeurs de la rue, aux médecins dans les hôpitaux et parfois aux pharmaciens[25]* ».

---

[22]Entretien avec un vendeur des médicaments de la rue au marché Mokolo, 25/03/14.
[23] Entretien avec un vendeur ambulant au carrefour Nkolbisson, 24/03/14.
[24] DocCheck News, op. cit.
[25] Entretien.

Par ailleurs, il ressort des différents entretiens effectués que les sources externes s'étalent selon qu'il s'agit des pharmacies d'une part, et des vendeurs d'autre part.

S'agissant du circuit d'approvisionnement des pharmacies, il découle de l'entretien avec un pharmacien de la place que certains pharmaciens importent directement certains produits introuvables sur le territoire. Il dit : « *Ils s'adressent à des grossistes qui se trouvent au Nigéria, au Bénin et même en France, notamment INTERMED, MEMOEXPORT,... et il y a aussi les pays voisins en crise comme le Tchad et la RCA[26]* ».

En ce qui concerne les vendeurs, ils utilisent des faux documents pour l'importation. Les faux documents en question ne leur posent aucun problème grâce à la complicité de certains agents de la douane. « *Nous on a les complices à la douane !*[27] », déclare un vendeur de médicaments à Mokolo. A côté de cela, certains vendeurs vont jusqu'à voler des médicaments dans d'autres pays pour les revendre au Cameroun, tandis que d'autres ont recours à des voyageurs qui ont des sacs légers encore appelés « *bagages à main* » (pour parler comme un vendeur du marché central).

En outre, on note le concept d'ONG qui a été créé, et par lequel les vendeurs reçoivent des dons de médicaments, en prétendant que ceux-ci leur ont été envoyés afin d'être distribuer aux populations. C'est ainsi que l'ONG Pharmaciens Sans Frontières a publié des rapports édifiants sur l'arrivée de dons trop souvent inutilisables : médicament non identifiable, périmé, mal acheminé ou tout simplement inapproprié aux nécessités du pays.

Enfin, dans l'article de DocCheck News suscité, il est mentionné que la contrefaçon est entretenue par de puissantes mafias. En effet, « *elles sont basées au Nigéria, au Ghana, en Chine, en Inde, en Thaïlande et desservent l'Afrique toute entière en faux médicaments[28]* ». Hormis le circuit clandestin, ces mêmes médicaments

---

[26] Entretien avec un pharmacien.
[27] Entretien avec un vendeur des médicaments de la rue au marché Mokolo, 25/03/14.
[28] DocCheck News, op. cit.

contrefaits sont de surcroît frauduleusement introduits dans les circuits légaux pharmaceutiques. A ce sujet, The Lancet publiait en 2006 une enquête indépendante évaluant à 60 % le taux de faux médicaments circulant en Afrique.

C-STRATEGIES D'ECOULEMENT DES MEDICAMENTS DE LA RUE A YAOUNDE

A- La distribution des médicaments de la rue par des grossistes

Les vendeurs de médicaments de la rue s'approvisionnent de diverses manières. Après avoir examiné les sources internes et les sources externes comme modes d'approvisionnement, il incombe la tâche d'examiner les modes d'écoulement ou de distribution des médicaments dans la ville de Yaoundé. Parmi ces modes, on retrouve les stratégies d'écoulement par les grossistes.

En effet, parmi les modes d'écoulement des médicaments de la rue, on retrouve la distribution par les grossistes. Cette technique consiste pour les vendeurs de médicaments de la rue, de s'approvisionner chez d'autres vendeurs plus fournis appelés des « grossistes ». Cette méthode se rencontre dans plusieurs marchés africains parmi lesquels on retrouve les marchés des villes de Yaoundé, Douala, Bertoua etc.

L'étude de ce phénomène dans la ville de Yaoundé passe par sa description dans les marchés de Mokolo et du marché Central. Dans le marché Mokolo, les vendeurs ayant le plus d'expérience dans le domaine, sont ceux qui s'adonnent à cette pratique. En fait, ces derniers revendent leurs produits soit en gros ou en détail aux vendeurs de médicaments de la rue qui ne peuvent pas s'approvisionner en certains médicaments. A ce sujet, un des vendeurs de médicaments de la rue du marché Mokolo souhaitant garder l'anonymat précise : « *MonsieurX nous vend des médicaments à un certain prix qu'on revend à un prix plus élevé pour avoir notre Petit truc dessus*[29] ». Cette citation de ce vendeur illustre bien la situation dans le marché Mokolo. Il est important de

---

[29] Entretien avec un vendeur de Mokolo.

préciser que ceux qui se livrent à cette pratique dans ce marché, ont étonnamment, la plupart du temps été en possession des médicaments qui leurs étaient demandés par leurs démarcheurs. Contrairement à leurs confrères ou collègues du marché Central.

Pour ce qui est du marché Central, le phénomène des grossistes est très récurrent. Ici, il ne concerne pas que les personnes intérieures au marché. Il prend même des proportions plus larges. En effet, dans leur processus d'écoulement, on retrouve aussi les hôpitaux, les pharmaciens et les délégués médicaux. Ainsi, à la question s'il écoulait ses médicaments en dehors du marché Central, un vendeur de médicaments de cette place a répondu sous anonymat :

> *Un peu de partout. Comme je vous ai dit tout à l'heur ce sont des secrets professionnels. Tous ceux-là que ça soit des grands hôpitaux, même des cliniques privées vraiment haut standing. Par exemple tout à l'heure je ne vous ai pas vues si tôt parce que j'étais quelque part avec un médecin.* [30]

Cela montre les dynamiques et les proportions déjà prises par ce phénomène qui gangrène le système de santé camerounais.

De plus, certaines pharmacies nous renseignent aussi à ce sujet. En ce qui les concernent, elles importent ou se font livrer des médicaments par des grossistes de circuit privé tels que Pharmacam et Laborex. Pour ce qui est du mode d'écoulement des vendeurs de médicaments de la rue, certaines pharmacies de la ville ont des réponses. C'est ainsi qu'un pharmacien de la place, sans préciser dans quels marchés on retrouve cette pratique affirme que ces vendeurs de médicaments obtiennent parfois des médicaments dont la fiabilité ne peut être mise en doute. Ils y parviennent par la complicité des institutions telles que la douane Camerounaise ou encore des employés véreux des pharmacies.

---

[30] Entretien avec un vendeur du marché central.

II. PROMOTIONS ORGANISEES PAR LES VENDEURS SUR LES MEDICAMENTS

Apres avoir effectué une descente sur le terrain pour obtenir de plus amples informations en rapport au sujet, il ressort que la vente des médicaments dans les rues nécessite une certaine stratégie qui garantit l'écoulement 'rapide des stocks de médicaments. Deux principales stratégies ont ainsi pu être relevées à savoir les promotions et la vente en gros.

S'agissant des promotions, cette technique consiste pour les vendeurs à faire varier les prix des médicaments sur le marché. Pour se faire, ceux-ci se procurent des médicaments déjà en promotion auprès des grands fournisseurs ainsi ils obtiennent une plus grande quantité de médicaments qu'ils peuvent ainsi écouler à vil prix sur le marché. Par exemple un produit X ; pour 500 boites achetées 125 sont offertes ; le marchand se retrouve ainsi avec 125 boites de plus ce qui lui permet ainsi de réduire le prix de vente du produit de moitié sinon de plus. Cette technique ne peut être utilisée que dans le secteur informel car conformément au protocole, les pharmacies ne peuvent qu'acheter un stock limité de médicaments, l'écouler et ensuite payer pour le stock suivant ce qui ne leur permet pas de modifier les prix des médicaments. Les vendeurs de la rue jouent donc sur le rapport « quantité prix » pour attirer les masses qui vivent pour la plus part dans des conditions de vie précaire.

La promotion n'est donc pas une stratégie principalement initiée par les vendeurs eux même, mais plutôt par les fournisseurs qui eux le font sans arrière-pensée aucune mais favorise sans le savoir l'écoulement des stocks de produit vendus dans les rues car à cause de cela, le circuit informel a une longueur d'avance sur le circuit formel, non seulement en terme de clientèle mais également en terme de gains. On comprend donc pourquoi le circuit parallèle détient le monopole de la vente des médicaments au détriment des pharmacies qui pour des raisons d'ordre déontologique ne peuvent se procurer une certaine quantité de médicaments auprès des fournisseurs.

CONCLUSION

En définitive, l'écoulement des médicaments de la rue n'arrive à s'effectuer que grâce aux techniques ou stratégies de vente mises en place par les vendeurs. Toutes ces techniques visent un seul but qui est la réduction des prix des médicaments sur le marché. C'est aussi le cas pour ce qui est de la revente de ces médicaments par les grossistes et les détaillants. Ils sont considérés par les autorités comme des non-professionnels en ceci que les moyens auxquels ils ont recours ne sont pas ceux employés dans le circuit légal d'où le problème des stratégies de contournement.

2

STRATEGIES DE CONTOURNEMENT DES NORMES UTILISEES PAR LES VENDEURS

INTRODUCTION

Pour mener à bien l'étude des différentes stratégies utilisées par les vendeurs, pour le contournement des normes et des mesures mises en place par les pouvoirs publics, il s'agira d'analyser dans une première partie les différentes normes et mesures prises par les pouvoirs publics dans le cadre de la lutte contre la vente illicite des médicaments, et dans une seconde partie les différentes stratégies employées par les vendeurs. Dans la première partie, seront tout d'abord analysées les normes, ensuite les différentes mesures prises par les pouvoirs publics à travers la sensibilisation des consommateurs, la réduction de l'offre dans le marché parallèle et l'augmentation de l'offre dans le secteur formel. Dans la seconde partie, les stratégies de contournements seront étudiées tout d'abord au niveau de l'acquisition, à travers les acteurs complices et les méthodes qu'ils utilisent ; et ensuite au niveau de la vente, à travers les différentes méthodes de camouflage et d'alarme, la vente mobile, la corruption et enfin la protection des vendeurs.

I. NORMES ET MESURES PRISES PAR LES POUVOIRS PUBLICS DANS LE CADRE DE LA VENTE ILLICITE DES MEDICAMENTS AU CAMEROUN.

A- Normes du secteur du médicament au Cameroun

L'engagement réel des dirigeants politiques et des institutions de l'Etat constitue une pièce maîtresse dans la lutte contre le marché parallèle du médicament. Cet engagement se traduit à travers la norme juridique qui régit le secteur du médicament au Cameroun. D'après la loi, la vente du médicament dans le circuit informel est interdite au Cameroun[31].

Cette volonté politique se ressent aussi à travers la règlementation pharmaceutique et l'autorité nationale de réglementation.

Le cadre législatif dans lequel s'inscrivent tous les travaux menés sur le marché parallèle est défini par la réglementation pharmaceutique. La réglementation pharmaceutique permet tout d'abord d'homologuer la fabrication, l'importation, l'exportation, la distribution, la promotion et la publicité des médicaments, puis d'évaluer, l'efficacité, l'innocuité et la qualité des médicaments et de délivrer les autorisations de mise sur le marché, ensuite d'inspecter et surveiller les fabricants, importateurs, grossistes et dispensateurs de médicaments. Elle permet aussi de contrôler et suivre la qualité des médicaments présents sur le marché ; de contrôler la promotion et la publicité des médicaments ; de surveiller les réactions indésirables aux médicaments et surtout de fournir aux professionnels et au public une information indépendante sur les médicaments.

---

[31] Voir recueil de texte du MINSANTE.

B- Mesures prises par les pouvoirs publics

Les proportions que prend le marché parallèle de la vente illicite des médicaments sont inquiétantes. Les répercussions, tant sur la santé des individus que sur le plan économique, appellent les responsables politiques, les professionnels de santé mais aussi l'ensemble de la communauté internationale à mener un combat radical pour rétablir le contrôle intégral du circuit du médicament.

Dans cette partie seront extraites les actions prioritaires de cette lutte qui se résument en trois points : la sensibilisation des consommateurs, la réduction de l'offre du marché illicite en effectuant des saisies et en procédant aux destructions des médicaments circulant dans la rue, et enfin rendre le médicament encore plus accessible sur le marché licite. Ces actions prioritaires s'inscrivent dans un cadre beaucoup plus large dans lequel intervient : la volonté politique, l'élaboration et l'application d'une réglementation pharmaceutique...

a) **La sensibilisation des consommateurs**

La sensibilisation, l'information et l'éducation des populations sur ce problème majeur de santé publique sont les piliers de cette intervention nationale au Cameroun. La campagne s'adresse à toutes les générations, elle inclut les interventions dans les écoles, les messages diffusés par les médias (télévision, radio) et sur les emplacements publicitaires. Les pharmaciens sont au centre de tels projets : leur rôle étant de sensibiliser les responsables politiques afin que les campagnes s'inscrivent dans la durée. C'est le cas par exemple de l'ordre national des pharmaciens qui organise des campagnes de sensibilisation contre la consommation et la vente illicite des médicaments. « *Nous irons vers les populations pour les sensibiliser sur les dangers qu'elles encourent en achetant des médicaments dans la rue* », a déclaré Dr Thérèse Bwemba Abong[32].

Pour mener à bien cette campagne, les pharmaciens, avec l'appui des forces de l'ordre, ont promis de descendre sur le terrain et de « *veillez à l'opérationnalité des cellules de lutte contre la vente illicite des médicaments qui existent déjà, mais qui ont peu de moyens d'aller en guerre contre l'informel* [33]».

Cette sensibilisation se manifeste aussi sur le plan international à travers l'institution, par les nations unies, d'une journée (le 28 mai de chaque année) visant à soutenir la campagne de sensibilisation des populations sur les dangers du médicament de la rue. Ces journées sont marquées au Cameroun par des saisies sporadiques et la destruction des médicaments vendus illicitement. Cas du 28 Mai 2009, saisie et destruction des médicaments dans les villes de Douala et Bafoussam.[34]

b) La réduction de l'offre du marché de l'illicite

L'offre du marché informel ne cessant de croître, exerce de la sorte une pression concurrentielle toujours plus importante sur les points de vente autorisés. Pour réduire l'offre du marché illicite, le gouvernement camerounais procède souvent par la répression des petits et des gros vendeurs au moyen des saisies des médicaments illicites qui se retrouvent incinérés sur la place publique Ces actions ont un impact bénéfique pour la simple raison qu'elles transmettent un message juridique sur ce qu'il ne faut pas faire. Cependant les limites de la répression s'expriment par la faiblesse des moyens policiers face à un commerce très organisé et puissant.

C'est le cas à Douala où les pharmaciens de la rue ne sont nullement inquiétés par quiconque. La lutte contre le désordre urbain n'a pas empiété sur leurs activités. Malgré le déguerpissement de nombreux commerçants à Ndokotti, ces derniers se sont

---

[32] Ordre national des pharmaciens du Cameroun, «l 'ordre national des pharmaciens du Cameroun en croisade contre la vente illicite des médicaments », consulté le 15/05/2014

[33] Idem.

[34] Cameroun Online, « lutte contre le médicament illicite: la fausse guerre engagée », consulté le 15/05/2014

retranchés vers l'ancienne gare de Nyalla. Hommes et femmes proposent aux passants des médicaments à des prix dit-on, bas. Même scène au marché central de Douala. Les plus courageux, sur des étals de fortune, (une petite table en bois sous un parasol) ont pris le risque d'exposer leurs produits, non sans être aux aguets de l'apparition d'un agent de la santé ou des forces de l'ordre.[35]Des actions policières sont régulièrement menées dans l'ensemble des pays en développement mais l'impact réel de celles-ci n'a jamais été observé. Les conflits d'intérêt prédominent et les mécanismes de corruption sont beaucoup plus huilés que ceux de la réglementation.

Le contrôle des frontières et la surveillance des producteurs locaux sont des axes d'interventions que privilégient aussi le Cameroun : la législation en vigueur sur les autorisations d'importation est plus ou moins renforcée, le respect des bonnes pratiques de fabrication exige la réalisation de contrôles fréquents, l'application des sanctions pénales aux contrefacteurs. L'ordre national des pharmaciens, après les dérives observées ces cinq dernières années autour du trafic des produits pharmaceutiques (corruption, contrefaçon, porosité des frontières), propose qu'une filière de formation de pharmaciens douaniers soit créée au niveau de l'Ecole nationale de l'administration et de la magistrature suprême (ENAM).

Ceci, espèrent-ils pourra « stopper l'hémorragie » qui paralyse ce secteur.

Dans le même ordre d'idée ils suggèrent au gouvernement et à toutes les unités compétentes que tous les dons en médicaments provenant de ces ONG soient recensés, réceptionnés et contrôlés par les structures agréées.[36]

c) **Augmentation de l'offre dans le secteur formel**

[35] Jet camer.com: « Cameroun – Médicament de la rue: un danger persistant », consulté le 15/05/2014

[36]EssentialDrugs.org, « [e-Med] Vente illicite des médicaments: Les pharmaciens du Cameroun en guerre contre la fraude », consulté le 15/05/2014

L'objectif de diminution de l'offre du marché parallèle s'accompagne d'une augmentation de l'offre dans le secteur formel. Conscient du constat selon lequel les faux médicaments ou ceux périmés ont inondé le marché, les professionnels de santé invitent leurs partenaires à réviser la structure des prix en tenant compte l'étude approfondie de la rentabilité des officines de pharmacie et de l'accessibilité des médicaments aux patients. Le projet de création d'associations du secteur public et du secteur privé-ONG devrait aboutir à un système d'approvisionnement efficace. De cette efficacité dépend la disponibilité des médicaments pour les populations.

II. STRATEGIES DE CONTOURNEMENT DES NORMES

Il est question d'évoquer les moyens mis en place pour l'obtention des produits, comment les vendeurs contournements les normes et mesures prises par les pouvoirs publics pour éradique ce phénomène. Et ceci nous permet d'analyser les stratégies au niveau de l'acquisition et au niveau des vendeurs.

A- Au niveau de l'acquisition

L'acquisition renvoie aux moyens utilisés pour obtenir des choses. En ce qui concerne les médicaments, leur obtention est plus délicate pour les vendeurs de la rue car il s'agit des produits dont le monopole de la vente appartient aux les pharmaciens. Il nous reviendra d'aborder les acteurs complices de l'acquisition des médicaments de la rue et les méthodes employés.

a. Les acteurs complices.

Pour que les vendeurs de la rue aient accès aux médicaments, ils sont obligés de se rapprocher des fournisseurs. Mais cette notion de fournisseur est très étendue car il s'agit des personnes qui sont dans les services de santés, des délégués médicaux ou encore des grossistes. Pour obtenir des médicaments, les vendeurs peuvent se rapprocher des personnes qui sont dans le milieu pharmaceutique et qui de fait sont en contact permanent avec les produits. En effet, on constate que sous couvert des échantillons que les délégués médicaux vont présenter aux pharmaciens, ils en profitent pour faire venir d'autres médicaments qu'ils mettent dans la rue par la suite. C'est cela qui a poussé le ministre à dire qu'il ne veut plus des échantillons médicaux donnés, comme il en ressort de l'entretien avec une personne qui exerce à la pharmacie du palais. Mais les délégués médicaux ne sont pas les seuls complices, aux niveaux des frontières, d'une part, il y a également les services de douane et d'autre part, les autorités étatiques.

Les douaniers se tiennent pour un certain nombre aux niveaux des frontières et sont censés interdire l'entrée sur le territoire des médicaments sans une autorisation préalable sont fréquemment en complicité avec les vendeurs qu'ils laissent passer en échange d'une somme d'argent. Comme l'affirme un pharmacien qui exerce à une pharmacie de la ville :

> *Au niveau des postes-frontière les douaniers... On pourrait dire qu'il y a des complicités au niveau des postes-frontière parce que bien entendu que ce sont des structures agrées c'est-à-dire les pharmaciens qui devaient pouvoir apporter les médicaments.*[37]

Pour ce qui est des autorités étatiques, il s'agit des personnes qui disposent de certains pouvoirs dus à leur fonction et dont on accorde certains privilèges. Ils profitent donc de cela pour aider les vendeurs à obtenir les médicaments, comme le souligne un vendeur du marché Mokolo « *Nous entretenons des relations avec des autorités étatiques et de ce fait ils nous laissent passer avec nos médicaments*[38] ».

b. Méthodes d'acquisition.

Les méthodes sont l'ensemble des procédés raisonnés que l'on utilise pour faire quelque chose, ici il s'agit des procédés dont on use pour obtenir les médicaments de

---

[37] Entretien avec un pharmacien, 24/03/2014.
[38] Entretien avec un vendeur de Mokolo, 24/03/2014.

la rue. Il en ressort après lecture des entretiens que les produits peuvent être obtenus par ceux qui viennent de l'extérieur, mais aussi après des personnes qui sont dans les services de santé. Pour des produits qui viennent de l'extérieur, il s'agit le plus souvent du Nigéria et des pays européens, ils important par conteneur ceux qui vont dans ces pays s'y approvisionner sont appelés les grossistes car détenant une grande quantité de produits qui viennent revendre aux détaillants qui les mettent en vente dans la rue. Comme cela est expliqué par un pharmacien du Palais :

> *Ils partent dans les pays étrangers le plus souvent le Nigéria, ils entrent au Cameroun et ils se mettent à les vendre. L'autre ce sont les pays européens c'est-à-dire qu'en passant par des commandes que les gens font parce que même en Europe tout le monde n'est pas saint parce que même en Europe des gens qui sont pas habilités à le faire qui le leur vendent parce qu'à la longue ils vont les prendre dans les hôpitaux par des infirmiers ou quelqu'un qui cache les médicaments.* [39]

C'est une méthode parmi d'autres.

Une autre méthode qui n'est pas à négliger est le laxisme des hôpitaux. En effet, les hôpitaux s'approvisionnent enfin de délivrer ces médicaments aux patients internés, patients hospitalisés. Mais l'on constate que les pharmacies et les hôpitaux délivrent aussi au grand public, donc aux externes. De ce fait ils ne respectent pas les textes qui recommandent de délivrer les médicaments aux seuls malades hospitalisés. Et pour certains vendeurs qui sont en relation avec les délégués médicaux et les pharmaciens, ils peuvent s'approvisionner lorsque les produits périmés doivent être détruits, ils les récupèrent et les mettent en vente. Plus difficile est la situation des produits qui sont marqués « *Interdit à la vente* » que les vendeurs ont à leur possession et les ventes aux populations.

---

[39] Entretien avec un pharmacien, 24/03/2014.

B- Au niveau de la vente du médicament

La vente de médicament dans les marchés illicites est toute un art. Le vendeur en plus des techniques de vente est un tacticien et un stratège. Ces qualités le permettent de subsister lui et sa marchandise à toutes les mesures drastiques prises contre son activité par l'Etat. L'enquête de terrain effectué dans les différents marchés de la ville de Yaoundé à savoir Mokolo, Nkolbisson, marché central montre que le marché parallèle est bien organisé et structuré toute chose qui concours à sa longévité et sa prospérité. A cet effet en se référant aux données de terrain, il apparait que les vendeurs utilisent plusieurs techniques de contournement telles que : le camouflage, l'alerte ou sonnet d'alarme, la vente mobile, la corruption. Il s'avère aussi que certains vendeurs sont protégés et intouchables.

a. La méthode de camouflage

En ce qui concerne la méthode de camouflage, il faut retenir que cette méthode n'a rien avoir avec celle utilisé par les militaires au combat, ni avec celle d'un caméléon proprement dit. Ici le vendeur utilise sa ruse pour pouvoir tromper la vigilance des contrôleurs ou policiers lors des rafles. Elle consiste vraiment à présenter des emballages vides sur le comptoir ou bien à présenter des produits de moins de valeur tout en cachant les plus précieux au magasin. C'est le cas d'un vendeur du marché Mokolo qui a accepté un entretien le 19 /05/2014 et précise que :

> *J'utilise cette méthode pour pouvoir m'en sortir et continuer mon activité. Au début je ne le faisais pas mais dès que la police m'a raflé une première fois, je me suis mis au pas avec les autres vendeurs qui le faisaient déjà depuis fort longtemps. Jusqu'à ce jour je pratique cette méthode qui me permet de maintenir mon activité et me permet de gagner mon pain.*[40]

---

[40] Entretien avec un vendeur de Mokolo, 19 /05/2014.

Cette stratégie se fait de manière très raffinée à telle enseigne que les forces de l'ordre ne se rendent pas compte que les boites de médicaments sont vides, et par conséquent l'activité continue malgré les multiples rafles organisées pour stopper ce circuit qui met à rude épreuve le commerce légal de médicaments. En plus de cette méthode les vendeurs utilisent aussi la méthode d'alerte pour communiquer entre eux.

b. La méthode d'alarme

Le marché de médicament est tellement organisé à un point où il existe un langage commun au vendeur et un système d'alarme pour pouvoir prévenir en cas de danger. Le danger ici n'est rien d'autre que la présence d'une patrouille de police. Dans ce contexte l'alarme n'est pas un appareil électronique qui doit se déclencher à l'arrivée de la police, mais plutôt un signal donné par une personne prévenant ainsi la présence d'un policier ou tout autre contrôleur. Généralement les vendeurs utilisent le mot « *AWARA* » qui signifie en langue fulbé il vient. Par exemple toujours au marché Mokolo, une personne ou un volontaire est payé pour assurer le rôle de guetteur ou d'alerteur. C'est le cas de deux vendeurs et un volontaire qui assurent ce rôle, ils affirment que :

> *Nous sommes les jeux et les oreilles de ce marché, nous sommes toujours en perpétuel mouvement pour pouvoir être à la fus de l'information et alerter dès que possible en criant à haute voix AWARA. Dès que ce mot est prononcé c'est tout le marché qui bouge et les vendeurs se sauvent avec leurs médicaments soit en prenant la clé des escampettes, soit en cachant les produits.*[41]

---

[41] Entretien à Mokolo.

L'alerte permet ainsi aux vendeurs de protéger leurs médicaments contre les contrôles de police et par conséquent contourne le système de contrôle de l'Etat. D'autres méthodes sont misent en œuvre pour assurer la survie de la vente de médicament dans la rue. C'est ainsi que la vente mobile ou vendeur ambulant nait.

c. La vente mobile

Pour ne pas avoir affaire avec la police et les agents de la communauté urbaine tout le temps à leur trousse, les vendeurs préfère être mobile. Toute chose qui leur amène à descendre dans les quartiers et les périphériques de la ville de Yaoundé pour vendre en toute quiétude. Voilà pourquoi lors de l'enquête du 19/04/2014 un vendeur ambulant rencontré à OYOM ABANG apporter des explications au sujet de sa mobilité et non de sa stabilité au marché. A ce sujet il précise que :

> *Je préfère vendre dans les sous quartier tranquillement que de rester au marché et attendre que la police vienne me rendre la vie difficile. Ici au moins je vends bien à des clients qui me passent souvent la commande, Ici je n'ai pas de souci à me faire au sujet des agents de la communauté on ne se croise jamais. Je pense que cette méthode me permet de les semer facilement.[42]*

Cette méthode développée par les vendeurs leur permet de contourner toutes formes de contrôle entrepris par les pouvoirs publics pour mettre fin à leur activité. Au des différentes stratégies adoptées par les vendeurs de médicaments il apparait aussi que certains d'entre eux sont privilégiés voire même pratiquement intouchables par les agents de contrôle.

d. Stratégie de protection des vendeurs

Dans le cadre de la protection des vendeurs comme stratégie de contournement, deux volets ont été étudiés. En premier lieu, il y a la relation qu'ils entretiennent avec

---

[42] Entretien à Oyom Abang

les personnelles médicaux et ensuite leurs relations avec les membres haut-placer de la société comme les directeurs, ministres et les agents de police.

Grace aux relations que les vendeurs entretiennent avec certains personnelles médicaux, ils sont souvent capable de contourner les mesures mise en place pour saisir leur marchandise .Ils sont informe par les personnelles médicaux des jours probable des descentes sur les marché pour saisir les médicaments de la rue. Il est observé ici que les vendeurs grâce à leur relation avec les personnelles médicaux sont protégés contre les descentes improvisées des agents étatiques. Cette relation sert de moyen à contourner les mesures établis par la loi.

Les relations des vendeurs avec certains personnelles médicaux permet également aux vendeurs de pouvoir récupérer leurs marchandise qui ont été confisque pendant les descentes des agents de la loi. Cette relation étant établit est une stratégie de contournement car elle permet aux vendeurs de pourvoir mener à bon terme leur vente des médicaments de la rue.

Dans le cadre de la protection des vendeurs, il est bien évident que la relation vendeur et personnelle médical est une forme de protection pour les vendeurs et le plus de relation un vendeur à le mieux protégé il est.

Il y a également la relation entretenue avec les membres de la société haut-placer. Il s'agit ici des directeur, des ministres, des hommes en tenures et même des médecins .Beaucoup de vendeur des médicaments de la rue le font au compte de ces personnes haut-placer et influant dans la société. Prenons le cas d'un vendeur qui ce fait arrêté pour la vente illicite de ces médicaments et sa marchandise et également confisquer, à peine arrivé au poste de police un coup de fil est reçu et le vendeur est libre et sa marchandise le lui est restitue. Ici il est observable que le soutien qu'on les vendeurs des médicaments de la rue vient des même personne qui sont supposés mettre fin à cette pratique. Il est donc évident que la relation qui existe entre les vendeurs des médicaments de la rue et les membres de la société haut-placer et influant est une sort de protection pour les vendeurs du simple fait que les vendeurs ne reste jamais longtemps en détention et leurs marchandises saisis n'est jamais détruit mais rendu aux vendeurs.

Un autre phénomène qui entre en jeux dans les stratégies de contournement est la corruption. La corruption est observée a 2 niveaux : au niveau de la police et également au niveau des personnelle médicaux.

Concernant le niveau de la police, c'est observable lorsque les vendeurs paient les agents de la loi pour que ceux-ci ne confisque par leur marchandise. Ce paiement peut se faire soit pendant la descente dans les marchés ou quand la marchandise est déjà confisque et amené dans les centres de détention.

La corruption au niveau des personnelles médicaux se voit par le fait que les vendeurs paient ces derniers pour qu'ils ne confisquent pas leur marchandise et pour qu'ils puissent leurs informés en cas de frouille improvisé. Il est bien évident que la corruption est belle et bien employé dans la stratégie de contournement des vendeurs des médicaments de la rue.

CONCLUSION

La loi et les normes sont généralement claires au sujet des ventes des médicaments : seules certaines personnes sont autorisées à vendre des médicaments et seuls certains points de vente détiennent une licence (que ce soit dans les hôpitaux, les pharmacies privées ou les dispensaires). Pourtant les vendeurs au moyen de plusieurs stratégies dont le camouflage et l'alarme, de la corruption des agents et de la vente parviennent à contourner ces normes. Dans ce cadre, il devient compliqué pour l'ensemble de la communauté de distinguer la part de licite et d'illicite, de l'illégal avec le légal.

3

ENJEUX DE LA VENTE DES MEDICAMENTS DE LA RUE

INTRODUCTION

Les enjeux sont les risques de gains et de pertes dans un projet ; la vente des médicaments de la rue plus précisément les circuits d'approvisionnement et les stratégies de contournement comportent des risques autant pour les populations à savoir les vendeurs et les consommateurs que pour les institutions dont les pharmacies et l'Etat. Quels sont ces différents enjeux et selon quelle approche pouvons-nous les étudier ? Nos recherches nous conduisent à établir ces enjeux à travers les volets socio-économique, humain et politique.

I.   AU NIVEAU DES POPULATIONS
A- Au niveau des vendeurs

1- Une activité génératrice de gros bénéfices

La vente des médicaments constitue un secteur florissant du fait des nombreuses pathologies liées aux milieux tropicaux tels que l'Afrique et celles qui sont omniprésentes sur la surface du globe. Ainsi, les vendeurs de médicaments de la rue engrangent de gros bénéfices malgré le caractère illicite de leur activité. C'est ainsi qu'à la question de savoir combien il gagne par mois, un vendeur de Mokolo répond : « *En tout cas, je n'ai pas moins de 100 000francs de produits vendus par mois. Mais les bénéfices mêmes ça peut faire 20 000francs par jour.».* De même lorsqu'on interroge un vendeur de Nkolbisson et une vendeuse de la place, mariée et mère de 06 enfants sur leurs gains journaliers, les réponses sont respectivement : « *Entre 5000 et 10000 francs.*» ; « *Les bénéfices ça peut me faire même 2000 francs par jour ! Vous savez, si ça ne rapportait pas, je ne serais plus ici. Je suis là depuis 10 ans hein quand même.* » Ces témoignages révèlent l'ampleur de la rentabilité de ce commerce, qui permet aux individus de vivre décemment et de prendre en charge leurs familles. Ce 'business' revêt davantage d'importance puisque les vendeurs rapportent plus de revenus que la plupart des fonctionnaires ou autres agents du secteur privé et les bénéfices importants récoltés les encouragent à continuer ; ce qui a pour conséquence la prolifération et la pérennisation du phénomène.

Par ailleurs, ce phénomène prospère d'autant plus que les vendeurs font des promotions sur leurs produits tout en conservant une marge contrairement aux pharmacies : ce qui a pour effet d'attirer les clients et par la suite d'augmenter leurs revenus. Un commerçant au marché central le souligne :

> *Est-ce que vous avez déjà suivi qu'à la pharmacie vous avez acheté l'Efferalgan aujourd'hui à 1400 FCFA et demain à 1100 FCFA ? Non, ils maintiennent toujours leurs prix... Or nous quand on parle des promotions nous on prend plus. Quand un produit est en promotion on dit par exemple que vous achetez 500 on vous donne 625 donc 125 de plus...*

De plus, ils s'approvisionnent auprès de certaines structures ou personnes ressources moyennant moindre coût, différentes de celles des pharmacies (officielles et onéreuses) ; ce qui représente des avantages considérables pour eux. Cela est perceptible à travers les réponses respectives des vendeurs de Mokolo et de Nkolbisson:

> *Pour ça on a les voyageurs...Ils viennent avec nos produits et passent plus facilement la douane. Nous avons aussi les ONG qui envoient sous forme de dons. De plus, il y a les pays en crise dont les médicaments sont parfois destinés aux réfugiés et nous reviennent après. ;*

> *« Dans le pays, nous avons certains médicaments qui sont parfois remis par les patients aux pharmacies des hôpitaux. Et les délégués médicaux nous les renvoient. ».*
À la question de savoir d'où viennent les médicaments. Tout ceci démontre l'enjeu économique important de cette vente.

En outre, l'exercice cette activité permet aux vendeurs, soit d'avoir des relations avec d'autres acteurs dans le milieu professionnel : médecins, fournisseurs, agents de la communauté urbaine, police, etc. ou avec des patients, soit de les consolider ; Ce qui représente des atouts majeurs dans la vie quotidienne. Comme exemple, nous pouvons reprendre un vendeur de la place : *« j'ai des contacts dans la police mais ils me préviennent seulement lorsqu'il y a une descente qui se prépare. Et parfois ils oublient même de me prévenir donc c'est trop difficile ».* Cette assertion débouche sur les risques liés à cette vente illicite des médicaments de la rue.

En effet, la saisie de leurs produits cause un déficit et la crainte de celle-ci autant qu'une possible arrestation a un impact psychologique qui favorise la méfiance et la paranoïa chez les vendeurs envers les étrangers ;cet état d'esprit imprègne leur comportement pendant l'exercice de leur activité et dénote d'un manque de tranquillité, de sérénité: hésitation pour répondre aux questions, fouilles, exposition des emballages vides etc…En revanche, malgré le caractère illicite de cette activité, ils paient des impôts et taxes, ce qui constitue aussi un déficit si on considère que cette vente est proscrite ;en effet un vendeur déclare : « *Nous achetons des tickets à la mairie. On paie même les impôts et les taxes. Mais on ne se plaint pas quand on saisit nos médicaments car on sait que notre activité n'est pas licite.* »

En outre, la durée de travail est très importante : de 11 heures à 17 heures par jour. Ainsi le vendeur de Nkolbisson affirme : « *je suis ici de 6h à 23h* » ; celui de Mokolo : « *je viens ici à 6h du matin et je rentre à 20h* » ; enfin ce vendeur dit : « *… On est là généralement de 7h à 18h.* » On est loin des 8 heures réglementaires et cette surcharge est néfaste pour la santé.

Enfin, les individus qui s'adonnent à ce commerce le font pour des raisons diverses : manque de formation, chômage, appât du gain etc…Certains ont commencé jeunes, ont quitté l'école et y sont restés. C'est le cas d'un vendeur qui déclare :

> *Bon je n'ai pas de raisons vraiment fondamentales sinon c'est que pendant les congés, comme j'étais avec un oncle. C'est pour ça que je profite de l'occasion pour vous dire que ce n'est pas bien d'initier un élève à la sauvette en période des vacances par ce que quand tu es élève ou étudiant tu vois l'argent difficilement. Quand tu te retrouves à la sauvette tu commences à toucher l'argent : 10.000, 20.000, 40.000, 50 000… C'est comme ça que par moment on se retrouve de ne plus rentrer à l'école hein. Mais sinon à longue on constate toujours que c'est une perte parce que l'école reste vraiment formidable…, j'ai commencé pendant les congés mais je regrette. Pourquoi ? Parce que si par exemple vous avez votre*

père qui va vous lancer vous allez être obligé de laisser l'école pour
approfondir les connaissances en argent. L'argent ça dupe[43].

Cette expérience démotive l'individu par rapport à l'école à cause de l'argent mais a des conséquences sur le long terme puisqu'il manquera d'instruction ou exercera un métier par dépit et dans la crainte.

En somme les enjeux socio-économiques pour les vendeurs sont nombreux. Il s'agit en l'occurrence d'importants bénéfices et des relations humaines sur le plan positif ; et des risques de saisie des produits et d'emprisonnement ou de paiement d'amendes, des impacts sur la santé et sur le comportement et enfin du manque d'instruction et de la dévalorisation de soi sur le plan négatif.

2- La légalisation d'une activité illégale

La vente de médicaments de la rue est illégale et à ce titre, elle constitue une infraction aux lois et règlements mis en place.

En effet, la loi prévoit que pour être vendus dans la légalité, ils doivent posséder une Autorisation de mise sur le marché. Cette autorisation s'obtient après que la provenance et la composition du médicament ont été jugés valides. Pour que la provenance soit jugée valide, il faut que son fabricant soit autorisé. Une fois l'autorisation obtenue, le médicament est mis en vente. Les vendeurs dérogent à ce principe. Ils utilisent des procédés frauduleux pour obtenir les médicaments et les mettent en vente sans aucune autorisation préalable, ce qui rend difficile la traçabilité des médicaments. Il devient donc difficile – voire impossible pour les autorités compétentes de retrouver les usines de fabrication de médicaments de fortune et d'en sanctionner les propriétaires.

De plus, les vendeurs ne sont pas des travailleurs au sens de la loi. Ils ne sont déclarés officiellement ni en tant que salariés ni en tant que travailleurs indépendants

---

[43] Entretien avec un vendeur.

ni en tant que commerçants. Ils ne possèdent aucun matricule et ne sont pas couverts par une assurance. Ils n'ont pas non plus de lieu de travail formel et reconnu par les autorités. En outre ils ne sont pas toujours des personnes de service de santé et ne sont donc pas habilités à prescrire ou à recommander des médicaments à leurs clients. Ainsi, si un client qui achète un médicament à un vendeur ambulant et que ce médicament lui cause des problèmes de santé, il ne peut se retourner contre le vendeur. Ce dernier ne sera déjà probablement plus à l'emplacement où son client l'avait rencontré. Et même si le vendeur en question n'est pas ambulant, ce dernier devrait normalement se retourner contre le fournisseur qui se retournerait contre le fabricant en cas de problème du client. La situation est pourtant différente dans les pharmacies par exemple. Comme un pharmacien l'explique :

> *Par exemple si tu prends un médicament ici et que tu as l'effet secondaire, on te dit c'est tel médicament que tu as acheté à la pharmacie qui t'a créé tel problème. Tu as le droit de porter plainte, moi je me retourne vers le gars qui m'a livré, le fournisseur*[44].

B- Au niveau des consommateurs

Les enjeux sont principalement d'ordre économique et sanitaire.

1- Des médicaments accessibles du point de vue économique

Les populations consomment les médicaments de la rue pour diverses raisons telles que la pauvreté, l'accessibilité des vendeurs, la flexibilité des prix.

En outre, selon un vendeur de médicaments, leur besoin de médicaments trouve satisfaction dans la rue car elles ont pris « l'habitude » de s'y rendre. Il leur semble « normal » de s'y approvisionner. Ainsi, la situation sur le terrain démontre aisément que c'est cette dernière raison qui motive le plus les consommateurs de médicaments de la rue.

---

[44] Entretien avec un pharmacien de la ville, 24/03/13.

Les vendeurs de médicaments de la rue ne sont pas aussi accessibles que l'on peut le croire. A la question de savoir quels sont leurs horaires de travail, les vendeurs (17/04/14, Marché Central) que nous avons interrogé répondent : *« 7h-18h »* ou encore *« 6-20h »*. Un seul d'entre eux dit vendre entre 6h du matin et 23h. Sachant que les pharmacies sont ouvertes entre 6-7h et 20-21h et que les jours de garde quant à elles sont ouvertes jusqu'au matin, on remarque donc que les vendeurs de médicaments de la rue ne sont pas nécessairement plus accessibles que les pharmaciens.

De plus le prix des médicaments vendus dans la rue est plus bas que celui des médicaments vendus en pharmacie ou dans toute autres structure habilitée à le faire. Mais cela est dû à ce système de *« promotion »* sur les produits dont bénéficient les vendeurs grâce à leurs fournisseurs. D'autres vendeurs moins scrupuleux admettent qu'ils *« réduisent les prix des produits qui arrivent à péremption et ceux qui n'ont pas d'emballage provenant de l'extérieur »*. Cela leur permet de réaliser d'énormes bénéfices sur le dos du consommateur qui croit faire une meilleure affaire qu'en pharmacie (cf. I-).

Ce dernier économise bel et bien de l'argent mais souvent au péril de sa santé car, consommer des médicaments qui sont périmés ou dont l'origine est douteuse, a de terribles conséquences sur la santé.

2- Enjeu Sanitaire : une activité dégradant la santé des populations

Ces médicaments qui proviennent d'un peu partout et en particulier de la Chine et de l'Inde sont de *« mauvaise qualité »,* affirme un pharmacien. Leur qualité est remise en doute tant au moment de la fabrication qu'au moment de leur délivrance au consommateur. En effet, avec cette mondialisation du commerce du médicament, seul le manque d'argent peut constituer un frein à la commercialisation de médicaments. Et ces médicaments ne sont pas fabriqués de la même manière partout : *« il y a le bas de gamme, le haut de gamme [...] les conditions de fabrication ne sont pas respectées, on te met n'importe quoi dans le médicament »*, déclare un pharmacien[45]. Il existe donc de « faux médicaments » qui se mêlent aux vrais et qui sont proposés indifféremment aux consommateurs (cf. II). Une fois entre les mains des vendeurs de la rue qui ne sont pas habilités à les distribuer, ces médicaments souffrent entre autres choses de mauvaise conservation, ce qui va altérer leurs vertus qu'ils aient été bien fabriqués au préalable ou non. Ainsi une fois ingérés ils peuvent causer des dégâts majeurs sur la santé du consommateur. *« Ils peuvent être causes d'intoxication, d'interaction médicamenteuse, favoriser les résistances »*, révèle le sociologue Marianne LANGLET à propos des faux médicaments vendus dans la rue. A côté d'eux, même les vrais médicaments peuvent avoir des répercussions désastreuses. En effet, toujours selon Marianne LANGLET, les vrais médicaments mal conservés ou périmés perdent leur principe actif et peuvent même gagner en toxicité. En outre, un vrai médicament mal prescrit a aussi des effets nocifs. A la liste des conséquences on peut ajouter *« les insuffisances rénales »* dont parle un pharmacien[46] ou encore l'hépatite et les perforations digestives que relèvent le journaliste Dorône OKOMBI. Enfin, le journaliste Anne Mireille NKOUANZEU évoque la mort comme conséquence de la consommation des médicaments de la rue. Dans son article, elle s'entretient avec une assistante en pharmacie qui déclare à propos d'une substance contenue dans un médicament : *« la tétracycline par exemple, exposée à de très fortes températures, se transforme en poison »*.

« C'est un problème dangereux mais l'Etat ne veut pas en prendre conscience », dit un pharmacien[47]. Pourtant cette activité recouvre des enjeux tant pour les pharmaciens que pour l'Etat.

II.   AU NIVEAU INSTITUTIONNEL

---

[45] Entretien avec un pharmacien, 24/03/13.
[46] Ibid.
[47] Entretien avec un pharmacien, 24/03/13.

A- Au niveau de l'Etat

1- Enjeu politique

La vente illicite des médicaments de la rue déstabilise l'Etat qui met en place des mesures qui ne sont pas respectées par les populations. Cependant, les autorités ne sont pas fermes et l'activité semble légale ; c'est dans ce contexte que le gérant de la Pharmacie française s'explique :

> *La loi est là, les textes sont là mais maintenant il faut qu'ils soient appliqués. L'Etat agit de manière sporadique, il y a des actions euuh... sporadiques mais ce n'est pas suffisant. Il faudrait une action sur le long terme, en profondeur et sur le long terme quoi. Euuh déjà sur le terrain, dans la rue et puis également au niveau des hôpitaux également rappeler les textes de loi aux administrateurs de ces hôpitaux là et puis euuh... au niveau de l'attribution des marchés publics, que l'Etat soit plus regardant, au niveau des acteurs à qui sont attribués les marchés.*

Cela dénote d'un laxisme qui met en péril la santé des populations et amène à s'interroger sur l'efficacité, l'engouement, l'implication du gouvernement dans les questions sociales.

En outre, les dirigeants sont impliqués dans ce « *marché noir* » ; Ainsi, les autorités trouvent des obstacles quasi-insurmontables et ne peuvent plus correctement appliquer les mesures de répression. C'est ainsi que la pharmacie du palais affirme :

> *[...] on sait aussi c'est qu'il y a des personnalités même de chaque pays qui se mêlent de la vente des médicaments. Là ils les importent par conteneur. Arrivés au port, normalement ils ne peuvent pas les dédouaner parce qu'on doit demander un pharmacien. Mais de par son étiquette, soit il est militaire, soit il est Imam, moi je parle donc déjà de ce que les amis guinéens, sénégalais m'ont dit, peut-être le cas ne se fait pas encore ici, mais un Imam c'est une autorité religieuse. Elle arrive au port, on n'a même pas à discuter, on lui sort son conteneur. Ce conteneur sorti il le donne à ses neveux ou à des petits vendeurs qui vendent dans la rue. Ça c'est le cas de la Guinée, ça c'est officiel, le gouvernement même n'y peut rien parce que s'il s'attaque aux Imams son gouvernement peut tomber. Et au Cameroun aussi également il y a aussi des personnalités qui s'en mêlent parce qu'une fois on a vu un*

gars qui avait un dépôt en ville à l'époque où nous tuons ces médicaments informels là, et quand on l'a arrêté on l'a amené au commissariat, le commissaire nous a dit : « Venez prendre votre camion que nous avons saisi parce que les coups de fil que nous avons-nous dépassent. Ça vient des ministères, de la Présidence et tout. Nous libérons le gars parce que nous ne pouvons même plus travailler.
Voilà déjà. Donc ça vient aussi d'une façon par les personnalités qui apportent ces médicaments parce qu'elles peuvent les dédouaner facilement et les mettre dans la rue.

Un pharmacien renchérit : «*Si l'Etat voulait vraiment mettre un frein il le ferait mais il y a trop de complicité.*» Cet état des choses démontrent bien la mentalité des dirigeants qui ne respectent pas eux-mêmes les normes établies et sont immergés dans un trafic qui ne semble ne pas avoir de frein.

2- Enjeu socioéconomique

Si l'Etat ne semble pas poser d'action assez efficace pour enrayer le phénomène de vente des médicaments de la rue, c'est peut-être parce qu'il reflète les failles de ses propres institutions.

En effet, la consommation de plus en plus importante de médicaments en provenance de la rue met en exergue la difficulté du système de santé (pharmacies, dispensaires) à satisfaire les besoins des populations. Les prix qui sont pratiqués en pharmacie ne correspondant pas à leurs moyens, ils préfèrent se tourner vers ces vendeurs informels qui leur proposent les mêmes produits (ou presque) à des prix qu'ils trouvent plus intéressants. Non seulement les prix ne sont pas attractifs mais il n'est également pas aisé de se procurer des médicaments sur toute l'étendue du territoire national. Si les pharmacies sont nombreuses – voire très nombreuses dans les grandes villes telles que Yaoundé ou Douala, il n'en est pas de même dans les zones rurales. Les habitants de ces dernières doivent souvent parcourir des kilomètres pour avoir accès à la pharmacie ou au dispensaire le plus proche. Pourtant les vendeurs de l'informel dont le déplacement est plus facile se rendent dans les marchés périodiques qui se déroulent dans ces villages et y vendent leurs médicaments.

En outre, les vendeurs ont tendance à penser – à tort ou à raison que leur activité est légale/légitime et ce pour deux raisons. La première est que toutes ou presque toutes les catégories socioprofessionnelles s'approvisionnent dans la rue. A propos de sa clientèle, une vendeuse de médicaments de la rue (17/04/14 ; Marché Mokolo) déclare *« Ah ! Ce sont toutes les tranches d'âge hein ! Les enfants comme vous, les parents, les revendeurs et bien d'autres »* ; un autre vendeur confie*: « J'ai toute sorte de clients: des policiers, des avocats, des infirmiers... ».* De plus, les vendeurs se comportent comme tout travailleur résidant sur le territoire national c'est-à-dire qu'ils payent leur dû à l'Etat :

« Nous payons les impôts bien sûr. Notre activité est légale hein ! Attention ! ». Affirme une vendeuse ;

« Je dois payer des quittances, des impôts et des taxes », déclare un autre vendeur ;

« Nous achetons des tickets à la mairie. On paye même les impôts et les taxes », dit un troisième vendeur.

Enfin, le fait de bénéficier de complicité de certains organes officiels contribue à renforcer leur présomption (cf. II). Ces complicités ne se retrouvent pas seulement pour leur éviter des contrôles ou des saisies, elles agissent également lorsque les saisies ont été effectuées ainsi que pour l'approvisionnement et l'écoulement de ces médicaments.

De plus, cette (quasi) inertie des pouvoirs publics met en avant le fait que la perspective de trouver ou de retrouver un emploi dans le secteur légal n'est pas envisagée par ceux qui vendent et ceux qui se lancent dans la vente. Un vendeur nous explique à ce propos qu'il a été initié à la vente des médicaments de la rue par un proche parent car : *« quand tu es élève ou étudiant tu vois l'argent difficilement. Quand tu te retrouves à la sauvette tu commences à toucher l'argent : 10.000, 20.000, 40.000, 50.000[48]* ». Le taux de chômage est d'environ 13 % selon les statistiques officielles au Cameroun en 2013. Sachant que les vendeurs de médicaments sont difficilement recensables, il est aisé d'imaginer l'augmentation de ce taux s'il les prenait en compte. Quant au taux de sous-emploi il est estimé à 70% selon le Document de Stratégie pour la Croissance et l'Emploi (DSCE) qui est élaboré par le Gouvernement. Ainsi, on comprend que l'idée de quitter un emploi certes instable en raison des saisies et des possibles condamnations pour se retrouver sans emploi ou avoir un emploi mal rémunéré n'est pas envisagée par les vendeurs. L'absence de réponse de l'Etat démontre peut-être que lui non plus n'est pas en mesure de leur fournir un emploi qu'il ne peut déjà pas fournir aux chômeurs des secteurs formels.

B- Au niveau des pharmaciens

1- De grosses pertes enregistrées

Les enjeux économiques sont énormes et plus importants ; ils constituent essentiellement les gains ou pertes pécuniaires liés à la production autant qu'à la consommation des médicaments au sein de la société. Les pharmacies ont tout à perdre dans cette vente illicite des médicaments de la rue. En effet, elles devraient avoir le monopole de la vente desdits produits puisque la loi le stipule ; Ainsi, elles perdent ce monopole ainsi que les potentiels clients. C'est ainsi qu'un pharmacien dit :

> *[...] le médicament est le monopole du pharmacien. Dès que vous n'êtes pas pharmacien et que vous vous mêlez des médicaments, c'est déjà de l'informel au départ, avant même qu'on ne sache où vous prenez ça. Si vous vendez déjà ici au Cameroun vous êtes dans l'informel parce que vous n'êtes pas pharmacien, vous n'êtes pas habilité à le faire[49].*

---

[48] Entretien avec un vendeur du Marché Central, 17/04/14.
[49] Entretien avec un pharmacien.

De plus, les populations du fait de la flexibilité des prix, du manque des moyens financiers et de la proximité des vendeurs préfèrent acheter leurs médicaments dans la rue ; ce qui constitue une concurrence déloyale et importante et subséquemment une perte considérable pour les pharmaciens. Cela est illustré par ces propos du même Pharmacien :

> *La population est pauvre certes mais elle est quand même nombreuse et ce n'est pas tout le monde qui vient à la pharmacie où relativement c'est plus cher. Il faut quand même qu'on s'entende. Si sur une population peut-être d'une ville qui a 200.000 habitants c'est peut-être 50.000 qui vont dans les officines. 150.000 vont dans la rue, dans le marché parallèle ? Pourquoi ? Parce que c'est moins cher là-bas disent-ils. Non ils vont plus là-bas c'est pour ça qu'il y a plus d'argent. C'est la quantité hein, la masse qui fait l'argent. Vous pouvez vendre 100-100 FCFA à 1.000.000 de personnes mais vous gagnez plus que quelqu'un qui vend des médicaments de 1.000 FCFA à 10 personnes. Essayez de voir ce rapport-là[50].*

Il devient évident que les vendeurs de la rue engrangent davantage d'argent puisque les prix sont bas et conviennent aux portefeuilles des populations, que les pharmacies.

Enfin, les pharmacies paient des taxes et impôts contrairement aux autres qui vendent dans la clandestinité et paient moins ou pas du tout ; tout comme les pharmacies sont tenues de respecter strictement les mesures de conservation et d'hygiène de leurs marchandises ainsi les dates de péremption .Ainsi, elles prévoient des dépenses supplémentaires tandis que les vendeurs ne le font pas .Ces mesures de sécurité nécessitent des frais plus ou moins importants.

2- Enjeu humain

On entend par enjeux humains, tous les éléments constituant des avantages ou inconvénients dont dépend l'épanouissement de l'Homme autant sur le plan psychologique, moral, que physique.

---

[50] Entretien avec un vendeur.

Relativement aux pharmacies, nous pouvons citer la démotivation due au manque d'engouement des autorités face à la vente illicite des médicaments de la rue ; Selon une pharmacienne :

> *La loi est là, les textes sont là mais maintenant il faut qu'ils soient appliqués. L'Etat agit de manière sporadique, il y a des actions euh... sporadiques mais ce n'est pas suffisant. Il faudrait une action sur le long terme, en profondeur et sur le long terme quoi. Euuh déjà sur le terrain, dans la rue et puis également au niveau des hôpitaux également rappeler les textes de loi aux administrateurs de ces hôpitaux là et puis euuh... au niveau de l'attribution des marchés publics, que l'Etat soit plus regardant , au niveau des acteurs à qui sont attribués les marchés.*[51]

Cette léthargie contribuera probablement dans le long terme à décourager les jeunes à faire des études pharmaceutiques, ainsi que les pharmaciens qui, subséquemment à la prolifération des points de vente des médicaments dans la rue et de la baisse du nombre de clients qui en découle, s'adonnent à cette activité.

En outre, les conséquences sont palpables sur le plan physiologique. En effet, les médicaments sont fabriqués et conservés selon des conditions précises ; si elles ne sont pas respectées, les consommateurs encourent de grands dangers. L'enjeu ici est clair : les pharmaciens sont d'accord sur ce point ; ils ont pour préoccupation principale avec les agents médicaux de veiller sur la santé des populations ; un pharmacien le déplore en ces termes :

> *[...] quand on est pharmacien on pense d'abord à la santé de sa population. Voilà. Donc quand nous voyons que nous voulons faire honnêtement et d'une façon scientifique notre travail, soigner la population et que parallèlement une autre catégorie de personnes qui n'a pas fait ces études-là dit qu'elle peut se mêler des médicaments sans connaitre , sans savoir que le médicament est bien, a un circuit connu de par le fabricant jusqu'au vendeur, nous disons qu'il y a un problème..*[52]

---

[51] Entretien avec un pharmacien.
[52] Entretien avec un pharmacien.

Un autre pharmacien renchérit en ces propos :

Les conditions de fabrication ne sont pas respectées, les dosages ne sont pas respectés, on te met n'importe quoi dans le médicament et le malade n'est pas là. Par exemple si tu prends un médicament ici et que tu as l'effet secondaire, on te dit c'est tel médicament que tu as acheté à la pharmacie qui t'a créé tel problème. Tu as le droit de porter plainte, moi je me retourne vers le gars qui m'a livré, le fournisseur. Mais les dégâts sont énormes. Aujourd'hui il y a plein de problèmes rénaux, les insuffisances rénales. C'est un problème très dangereux mais l'Etat ne veut pas en prendre conscience. On va le payer très cher, on va le payer très cher. [53]

Ces propos démontrent par ailleurs qu'il y'a risque pour les pharmaciens d'être poursuivis en justice pour la mauvaise qualité des médicaments vendus dans la rue mais dont on leur impute la responsabilité.

Enfin, les pharmaciens utilise aussi ce 'marché noir' pour écouler leurs produits ailleurs à travers des proches; ils utilisent leurs ressources humaines pour engranger des bénéfices. Un pharmacien de la ville le soutient :

[…] nous aussi les pharmaciens on ne peut pas dire qu'on est saint, ça je vous le dis. Il y a des pharmaciens aussi qui commandent donc normalement mais ont des gars dans la rue parce qu'ils veulent augmenter leurs bénéfices qu'ils leur donnent une partie de ce qu'ils ont acheté pour aller vendre pas forcément à Yaoundé mais dans les villages, dans les marchés périodiques. Ça c'est que j'ai appris aussi. Ils savent que le marché de Batchenga c'est tous les mercredis, il fait son paquet et le petit de son neveu va à Batchenga et vend ces médicaments et lui ramène cette recette qui grossit sa recette de Yaoundé. Vous voyez jusqu'où on peut aller. Voilà. Donc nous ne sommes pas saints non plus, il faut qu'on le dise. En gros c'est ça. [54]

En somme, les pharmacies courent de grands risques de perte dus à cette activité. Ces pertes s'estiment en matière pécuniaire car comme le dit le Docteur de la Pharmacie de la vie, ce phénomène réduit considérablement les bénéfices des

---

[53] Entretien avec un pharmacien
[54] Entretien avec un pharmacien.

pharmaciens et contribue à les appauvrir, eux qui sont censés avoir l'exclusivité de la vente des médicaments ; sur le plan humain car participe au manque de motivation, et à la perte de conscience professionnelle des pharmaciens.

CONCLUSION

En définitive, à travers nos recherches portant sur les enjeux de la vente illicite des médicaments de la rue, il en ressort que les populations autant que les institutions sont concernées. Si les gains en matière économique profitent davantage aux populations, notamment lesdits vendeurs ; les clients sont exposés car la qualité des produits est douteuse ; les institutions à l'instar des pharmacies courent des risques énormes et l'Etat est amorphe face à ce phénomène du fait du manque de répression et des intérêts des gouvernants. Mais la préoccupation majeure demeure celle de l'emploi, car la prolifération de ce phénomène en particulier et du secteur informel en général y est directement lié.

CONCLUSION GENERALE

Au terme de ce travail, il en ressort qu'il existe une relation entre les vendeurs et les autorités. Les informateurs mettent les vendeurs au courant des contrôles de la police. Contrôles qui sont censés demeurés secrets. Les vendeurs de la rue entretiennent des liens avec des agents du milieu pharmaceutique qui leur donnent un moyen d'accéder aux stocks de médicaments des pharmacies en passe d'être liquidés. Les vendeurs qui payent leur taxe à la mairie pour occuper des espaces se sentent dans leur droit d'occuper ces espaces et donc considèrent que leur activité n'est pas illégale.

Les hypothèses présentées ci-dessus nous ont permis de mettre en exergue les motivations des vendeurs et des consommateurs des médicaments de la rue à s'adonner à cette activité. Ce qui nous a permis d'adopter la démarche de l'individualisme méthodologique, par quoi nous avons pu recenser les raisons pour lesquelles les individus s'adonnent à la consommation, de plus en plus croissante, des médicaments de la rue. Pour expliquer l'expansion de la consommation des médicaments de la rue, nous avons fait appel à la méthode qualitative axée sur les entretiens.

Les principaux résultats qui découlent de cette étude comprennent les circuits d'approvisionnement des médicaments de la rue dans la ville de Yaoundé, les normes et mesures prises par les pouvoirs publics, ainsi que les enjeux de la vente des médicaments de la rue. En ce qui concerne les circuits d'approvisionnement des médicaments de la rue dans la ville de Yaoundé, il ressort que les vendeurs de médicaments s'approvisionnent à l'intérieur du territoire national par l'aval des délégués médicaux, de certaines officines et de certains personnels médicaux. En outre, les médicaments proviennent également des pays étrangers tels que le Nigéria, la France, les pays en crise, mais aussi des ONG. Ces produits ainsi acquis, sont vendues par le biais des grossistes et des vendeurs en détails qui sont chargés d'écouler la marchandise dans les marchés et même dans les hôpitaux. Les médicaments ayant fait leur apparition dans le marché noir, ne sont pas exempts d'obstacles. En effet, les pouvoirs publics ont élaboré des normes et des mesures pour éradiquer cette activité illicite que représente la vente de médicaments de la rue.

Une loi a été promulguée à cet effet, par l'Etat camerounais dans le but de sanctionner la vente des médicaments de la rue. Les contrevenants à cette loi sont sanctionnés par la saisie et la destruction de leurs marchandises ; par les forces de l'ordre qui effectuent régulièrement des descentes sur les marchés, par les douaniers qui agissent au niveau des postes-frontières. Cependant, les actions menées par l'Etat comportent plusieurs failles et donnent lieu à des stratégies de contournements élaborées par les vendeurs. Pour déjouer la surveillance des douaniers, les vendeurs et les grossistes font passer les médicaments à la douane sans emballages, en outre on note la complicité des pouvoirs publics dans l'exercice de de cette activité. Cet exemple prend tout son sens dans les rapports de corruption qu'entretiennent les pouvoirs publics, les douaniers, les forces de l'ordre avec les vendeurs de médicaments de la rue. Les vendeurs utilisent aussi des méthodes de camouflages, en exposant à la vente des boites et emballages vides de médicaments pour éviter la saisie de leurs produits lors de la descente des forces de l'ordre. Par ailleurs, la complicité des forces de l'ordre avec les vendeurs se fait ressentir dans le fait que ces derniers sont avertis par les policiers en prévision d'un contrôle de routine dans les marchés.

La vente des médicaments de la rue comportent des enjeux importants du côté des vendeurs, du côté des consommateurs, mais aussi au niveau institutionnel.

Au niveau des vendeurs, les enjeux sont socio-économiques mais également juridique. En effet, les individus qui s'adonnent, pour certains depuis des années à temps plein, à la vente des médicaments de la rue sont pour la plupart des pères et des mères de familles, mariés avec ou sans enfant. L'aspect économique de la vente des médicaments les pousse à pratiquer davantage cette activité pour subvenir aux besoins de leurs familles. Compte tenu du taux élevé de chômage au Cameroun, la vente des médicaments de la rue, bien qu'illicite et parfois subversive, apparait comme une aubaine pour les acteurs majeurs du circuit en ce sens qu'elle rapporte des bénéfices économiques importants qui varient selon les ventes journalières effectuées par les différents distributeurs. Bien qu'étant une activité économiquement bénéfique, la vente des médicaments illicites s'expose à des sanctions pénales. Juridiquement la vente des médicaments de la rue est illégale au Cameroun, mais les vendeurs comme pour légaliser leur activité paient des taxes auprès des services publics.

Quant aux consommateurs, nous avons observé qu'ils sont de plus en plus nombreux à favoriser l'essor des médicaments de la rue, car les points de ventes sont plus nombreux et plus proches des ménages contrairement aux pharmacies. Par ailleurs, les médicaments vendus dans la rue sont présentés comme plus rentables par rapport aux médicaments vendus légalement en pharmacie. Cette croissance des consommateurs est expliquée par l'actuelle situation de crise économique que rencontre le système mondial, une crise encore plus accrue dans les pays d'Afrique subsaharienne avec pour conséquence direct un taux de pauvreté en constant progrès. Toutefois, cet avantage économique a des répercussions sur la santé des consommateurs. En effet, les produits vendus dans la rue sont pour la plupart des médicaments proches de la date de péremption ou alors déjà périmés, mais aussi de mauvaise qualité.

En ce qui concerne les institutions, on retrouve les pharmaciens d'une part et l'Etat de l'autre.

Les pharmaciens détiennent l'exclusivité de la vente des produits pharmaceutiques, et pratiquent à cet effet leur activité de façon légale. Mais tout cela a un prix, car économiquement parlant, les produits vendus en pharmacie sont nettement plus chers que ceux vendus dans la rue. Ainsi, avec la prolifération de la vente des médicaments de la rue, les pharmacies ont subi d'énormes pertes sur le marché pharmaceutique. Bien qu'étant plus couteux que les produits vendus dans la rue, les médicaments vendus en pharmacie garantissent une qualité, une conservation et une fiabilité supérieure à leurs homologues de la rue. Les pharmaciens pour revendiquer leur exclusivité sur les produits pharmaceutiques, mettent régulièrement la pression sur l'Etat Camerounais afin de mettre fin à la prolifération des médicaments de la rue.

Au niveau de l'Etat, les enjeux politiques sont assez importants, car on retrouve dans ce circuit plusieurs instances gouvernementales et autorités nationales à l'instar des Imams, des Gouverneurs, des Diplomates, etc… ces derniers servent parfois de tremplin dans la distribution et l'acquisition des médicaments de la rue. En effet, ils protègent régulièrement les vendeurs des contraintes légales et douanières, par exemple en faisant passer les médicaments à la douane sans craindre de se faire prendre. En outre malgré leur étroite collaboration avec les pharmacies, l'Etat ne peut se permettre de supprimer totalement la vente des médicaments de la rue, car contrairement au secteur informel de la vente des médicaments de la rue, les pharmacies ne répondent pas efficacement aux besoins des populations. En effet, les pharmacies n'offrent pas plus d'emplois et sont moins accessibles que les points de vente des médicaments de la rue. Dans la même ligné des profits que l'Etat engrange derrière la vente des médicaments de la rue, on a noté que les vendeurs des médicaments de la rue paient des taxes et des impôts, comme une manière de légaliser leur activité.

BIBLIOGRAPHIE

ANGBO-EFFI, et al, 2011, « Facteurs déterminant la consommation des médicaments de la rue en milieu urbain », *cairn.info.*

AWALSON, M., 2013, « Médicaments de la rue : le mal persiste à N'Gaoundéré ».

BOUDON, R., 2013, « le théoricien de l'individualisme méthodologique », *mobile.lemonde.fr.*

Cameroun Online, « lutte contre le médicament illicite: la fausse guerre engagée », [consulté le 15/05/2014].

BOISIER, D. et al, 2014 « Le circuit informel des médicaments de la rue à Yaoundé et à Niamey ».

DOCCHECK News, 2014, « Les médicaments de la rue en Afrique ».

SAOUADOGO H., 2013, « Etude des risques de santé liés à l'utilisation des médicaments vendus sur le marché informel à Ouagadougou. Burkina Faso ».

EssentialDrugs.org, « [e-Med] Vente illicite des médicaments: Les pharmaciens du Cameroun en guerre contre la fraude », [consulté le 15/05/2014].

FASSIN, D., 1985, « Du Clandestin à l'officieux : Vente illicite de médicaments au Sénégal », Cahiers d'Etudes africaines.

JAYASE, K, 1985, *Another Development in Pharmaceutical.*

Jet camer.com: « Cameroun – Médicament de la rue: un danger persistant », [consulté le 15/05/2014].

KOUASSI, P., 2013, « Les médicaments de la rue en Côte d'Ivoire ».

NGUELE, E., 2011, « Médicaments de la rue: Trafic à grande échelle dans le septentrion », *www.le septentrion.net.*

Ordre national des pharmaciens du Cameroun, «l'ordre national des pharmaciens du Cameroun en croisade contre la vente illicite des médicaments », [consulté le 15/05/2014]

MINSANTE, Recueil de textes du MINSANTE. Quelles années

TOURE, M., 2014, « Mali : Médicaments de la rue ou « Pharmacie par terre : » un danger pour la santé ! », *Afrique Emergente*.

Une présentation de l'analyse stratégique, selon Michel CROZIER, *www.sqep.ca,* 2013.

www.Camer. SANTE.

ANNEXES

Guides d'entretien

Guide d'entretien pour les pharmaciens/délégués médicaux

I-   Identification

Nom, nom de la pharmacie, localisation, horaires

II-   Circuit d'approvisionnement

Circuit d'approvisionnement légal

Circuit d'approvisionnement des vendeurs : fournisseurs, écoulement

Catégories de vendeurs

III- Stratégies de contournement

Acteurs de connivence avec les vendeurs

Exposition factice sur les stands

IV-   Sur les médicaments vendus

Catégories de médicaments vendus

Qualité des médicaments vendus

Guide d'entretien pour les vendeurs ambulants

☐ Circuit d'approvisionnement

D'où proviennent vos médicaments ?

Comment se déroulent les transactions entre les fournisseurs et les vendeurs ?

Qui sont les fournisseurs en question ?

Quelles sont les différentes stratégies d'écoulement de la marchandise ?

☐ Stratégies de contournement des normes

Comment faites-vous pour échapper aux normes instaurées par les pouvoirs publics ?

Comment gérez-vous les saisies et les descentes des agents de la communauté urbaine ?

Quelles sont les différentes manœuvres mises au point pour mener à bien cette activité informelle ?

☐ Enjeux de la vente des médicaments de la rue

Combien gagnez-vous en moyenne par jour ?

Cette activité vous permet-il de vous prendre totalement en charge, vous et votre famille ?

TABLE DES MATIERES

PREFACE 2

REMERCIEMENTS 3

INTRODUCTION GENERALE 4

    1.   Pertinence et actualité 5

    2.   Intérêt du sujet 8

    3.   PROBLEMATIQUE 10

    4.   Questions de recherche 19

    5.   Considération méthodologique 21

1. CIRCUITS D'APPROVISIONNEMENT DES MEDICAMENTS DE LA RUE DANS LA VILLE DE YAOUNDE 27

    I.   MOYENS D'APPROVISIONNEMENT DES MEDICAMENTS DANS LA VILLE DE YAOUNDE 28

        A-   Origines internes du pays 28

        B-   Origines externes du pays 31

        A-   La distribution des médicaments de la rue par des grossistes 33

    II.   PROMOTIONS ORGANISEES PAR LES VENDEURS SUR LES MEDICAMENTS 35

2. STRATEGIES DE CONTOURNEMENT DES NORMES UTILISEES PAR LES VENDEURS ... 36

    I.   NORMES ET MESURES PRISES PAR LES POUVOIRS PUBLICS DANS LE CADRE DE LA VENTE ILLICITE DES MEDICAMENTS AU CAMEROUN. 38

        A-   Normes du secteur du médicament au Cameroun 38

        B-   Mesures prises par les pouvoirs publics 39

    II.   STRATEGIES DE CONTOURNEMENT DES NORMES 42

        A-   Au niveau de l'acquisition 42

        B-   Au niveau de la vente du médicament 45

3. ENJEUX DE LA VENTE DES MEDICAMENTS DE LA RUE 50

    I.   AU NIVEAU DES POPULATIONS 51

        A-   Au niveau des vendeurs 51

        B-   Au niveau des consommateurs 55

    II.   AU NIVEAU INSTITUTIONNEL 57

        A-   Au niveau de l'Etat 58

        B-   Au niveau des pharmaciens 61

CONCLUSION GENERALE 66

BIBLIOGRAPHIE 71

ANNEXES.. 74

    TABLE DES MATIERES..77

www.ingramcontent.com/pod-product-compliance
Lightning Source LLC
Chambersburg PA
CBHW030656270326
41929CB00007B/396